युवा भारत की नई पहचान

लेखक की पुस्तकें

जिंदगी
न मिलेगी दोबारा
एन. रघुरामन

युवा भारत
की नई पहचान
एन. रघुरामन

अब हमें
बदलना
होगा
एन. रघुरामन

फिर भी
जिंदगी
खूबसूरत है
एन. रघुरामन

लक्ष्य प्राप्ति के
फंडे
एन. रघुरामन

इरादे
हों तो ऐसे
एन. रघुरामन

जब सोचो
बड़ा सोचो
एन. रघुरामन

इंसानियत के
फंडे
एन. रघुरामन

खुशहाल फैमिली के
फंडे
Happy फैमिली, Happy लाइफ
एन. रघुरामन

Positive सोच के
फंडे
एन. रघुरामन

नए दौर के
बिजनेस
फंडे
Business की Wow सोच
एन. रघुरामन

जीवन जीने
के
फंडे
एन. रघुरामन

सफल बिजनेस
के
फंडे
एन. रघुरामन

लीडरशिप
के
फंडे
एन. रघुरामन

स्मार्ट बनने के
फंडे
एन. रघुरामन

युवा भारत की नई पहचान

एन. रघुरामन

प्रभात पेपरबैक्स
www.prabhatbooks.com

प्रकाशक

प्रभात पेपरबैक्स

4/19 आसफ अली रोड, नई दिल्ली–110002

फोन : 23289777 • हेल्पलाइन नं. : 7827007777

इ–मेल : prabhatbooks@gmail.com ❖ वेब ठिकाना : www.prabhatbooks.com

संस्करण

2022

मूल्य

तीन सौ पच्चीस रुपए

मुद्रक

आर–टेक ऑफसेट प्रिंटर्स, दिल्ली

YUVA BHARAT KI NAYI PAHACHAAN
by Shri N. Raghuraman

Published by **PRABHAT PAPERBACKS**
4/19 Asaf Ali Road, New Delhi-110002

ISBN 978-93-5186-711-1

₹ 325.00

पूज्य
माता जयाकल्याणी
एवं
पिता वी. नटराजन को समर्पित,
जिन्होंने मेरी क्षमताओं पर विश्वास किया
कि मैं इस दुनिया के लिए कुछ
अच्छा कर सकता हूँ।
वे मेरे मन-मस्तिष्क में
सदैव अंकित रहेंगे।

भूमिका

अकसर ही सुनने को मिलता है कि 'युवा भारत की नई पहचान'। अगर आप किसी ऐसे युवा के साथ अपने को शामिल नहीं करते, जो आपके परिवार का न हो या आपके मित्र का पुत्र न हो, पूरी तरह से अपरिचित हो, तो यह पंक्ति हमेशा एक तटस्थ लगाव पैदा करती है।

मैं एक कहानी बताता हूँ। कुछ साल पहले कुछ युवा लड़के हमारे पॉश कॉम्प्लेक्स में कुछ फास्ट-फूड पैंफलेट बाँटने के लिए आए, जो कि पूरी तरह से प्रतिबंधित था। एक युवा लड़के के मन में एक विचार आया। उसने अपने आपको पिज्जा डिलीवरी बॉय के रूप में बताया और सिक्योरिटी रजिस्टर में फ्लैट नंबर लिखकर कॉम्प्लेक्स में आ गया और उसने पैंफलेट सफलतापूर्वक बाँट दिए।

वापस लौटते समय वह पकड़ा गया, क्योंकि उसने जो फ्लैट नंबर लिखा था, वह मेरा था और मैं उसी समय घर लौट रहा था, जहाँ मुझे पिज्जा डिलीवरी बॉय के बारे में बताया गया। लड़के ने अपने को निर्षोष बताया और कहा कि उसके मैनेजर ने उसे ऐसा करने के लिए मजबूर किया था।

जब मैंने पूछा कि क्या मैनेजर ने जाली नंबर लिखने और पिज्जा डिलीवरी बॉय बनकर जाने को कहा था, तो लड़के का जवाब न में था। इसका मतलब था कि वह अपना बचाव करने में सक्षम तो था लेकिन उसने अपनी चतुराई को गलत कारणों के लिए इस्तेमाल किया था।

आगे की कारवाई के लिए उसे सिक्योरिटी के हवाले करने के बजाय मैंने उसे जाने दिया, क्योंकि उसने खाड़ी में नौकरी के लिए आवेदन किया हुआ था और मैं कोई पुलिसिया कारवाई नहीं चाहता था।

तीन साल बाद वही लड़का फिर आया। अब वह एक बहुराष्ट्रीय कंपनी के

समूचे संयुक्त अरब अमीरात क्षेत्र का सेल्सहेड था और दीवाली का बड़ा सा उपहार लेकर आया था। उसने अपनी दो बहनों की शादी कर दी थी, एक छोटा सा ही सही, मकान भी खरीद लिया था और अपने माता-पिता तथा छोटे भाई की अच्छी तरह से देखरेख कर रहा था।

उसे देखकर मुझे यकीन हो गया कि युवा सचमुच इस देश का भविष्य होते हैं, बस उन्हें आपसे और हमसे थोड़ा सा सहयोग चाहिए होता है, इसके बाद वे बड़े-बड़े चमत्कार कर सकते हैं। यह पुस्तक जीवन के ऐसे ही विभिन्न पहलुओं से ली गई कहानियों का संग्रह है।

पढ़ने का आनंद लीजिए।

—एन. रघुरामन

अनुक्रम

सस्ते इलाज के मिशन में जुटे इंजीनियरिंग छात्र

कोई राष्ट्रीय प्रतियोगिताओं में पेश किए मॉडल्स से साफ है कि इंजीनियरिंग के छात्र मेडिकल प्रोफेशन को गंभीरता से ले रहे हैं। उनका जोर लोगों को किफायती स्वास्थ्य सुविधाएँ उपलब्ध कराने पर है।

1. हर साल कई महिलाओं की पोस्टपार्टम हेमरेज की वजह से मौत हो जाती है। इसमें डिलीवरी के बाद बहुत ज्यादा ब्लीडिंग होती है। इसका कारण गर्भाशय में प्लेसेंटा रह जाना या गर्भाशय में लचीलापन नहीं होना है। इस समस्या को दूर करने के लिए चेन्नई के एसएसएन कॉलेज ऑफ इंजीनियरिंग के पाँच छात्रों के ग्रुप ने एक महीने तक कड़ी मेहनत की। गर्भाशय को गरमाहट देने की तकनीक ईजाद की, जिससे खून जमाया जा सके। उन्होंने पाया कि अति सूक्ष्म कण आपस में टकराने पर गरमाहट पैदा करते हैं, जो गर्भाशय की अंदरूनी दीवारों की गरमाहट के लिए पर्याप्त है। इससे लीक हो रही रक्त की कोशिकाओं को जमाने की प्रक्रिया शुरू हो सकती है। भारत में प्रसव के दौरान मौत के 30 प्रतिशत मामलों में कारण बहुत ज्यादा ब्लीडिंग ही है।

2. दिल का दौरा पड़ने पर मरीज को सही समय पर अस्पताल पहुँचाना और विशेष उपचार दिलाना जरूरी है। तत्काल उपचार नहीं मिला तो मरीज की जान भी जा सकती है। तमिलनाडु के ही नॉलेज इंस्टीट्यूट ऑफ टेक्नोलॉजी, सलेम के तीन छात्रों के ग्रुप ने एक उपकरण बनाया है, जो मरीज को बिजली का झटका देकर या वाइब्रेशन (कंपन) से धमनियों में बने ब्लॉक्स को साफ करता है। उन्होंने इस उपकरण का नाम रखा है—'इ-ऐडर'। यह छोटे वाइब्रेशंस या जरूरत के मुताबिक बिजली के झटके पैदा करता है। इससे ब्लॉकेज के हिस्से में धमनी फैलती है और खून का बहाव सहज हो जाता है। यह उपकरण इतना छोटा है कि कपड़ों के अंदर भी पहना जा सकता है। यदि किसी मरीज को दिल का दौरा पड़नेवाला हो और कोई भी उसके पास न हो तो वह बटन दबाकर

अटैक से बच सकता है। यह उपकरण 'हाई-इंटेंसिटी सॉनिक तरंगें' बनाता है, जिससे बिना सर्जरी या दवाओं के धमनी के ब्लॉक को हटाया जा सकता है।

3. खड़गपुर आईआईटी के छात्रों ने कैंसर के ट्यूमर का पता लगाने के लिए हार्डवेयर-सॉफ्टवेयर कॉम्बीनेशन बनाया है। यह ग्रामीण इलाकों में पैरामेडिक्स और टेक्नीशियंस के लिए उपयोगी है। वे ट्यूमर का पता लगाकर डॉक्टरों को तसवीर के तौर पर संदेश भेजते हैं। यह एक तरह की पेसिव टेलीमेडिसिन है। स्मार्टफोन पर लेंस-स्टाइल का कैमरा अटैचमेंट हार्डवेयर लगा है, जो एनएफसी (नियर फील्ड कम्युनिकेशन) से कनेक्टेड है। उससे ही यह एप काम करता है। ट्यूमर स्कैन होते ही उसकी तसवीर क्लाउड बेस्ड प्लेटफॉर्म पर अपलोड होती है, जिसके आधार पर डॉक्टर अपना डायग्नोसिस करते हैं।

4. वर्ल्ड हेल्थ ऑर्गेनाइजेशन (डब्ल्यूएचओ) की 2011-12 की रिपोर्ट कहती है कि दुनिया भर में 45 प्रतिशत नवजात शिशुओं की मौत साँस लेने में तकलीफ या बर्थ हायपोक्सिया से होती है। इसमें बच्चे को जरूरी ऑक्सीजन नहीं मिल पाती। ऑक्सीजन देने के लिए सिलेंडर का इस्तेमाल होता है, जो फार्मेसी और अस्पतालों में 4-5 हजार रुपए में आता है। वेल्लूर इंस्टीट्यूट ऑफ टेक्नोलॉजी के तीन छात्रों की टीम ने सस्ता विकल्प सुझाया है। उन्होंने ऐसा उपकरण बनाया है, जो काफी कम खर्च पर ऑक्सीजन उपलब्ध कराता है। पानी की इलेक्ट्रोलिसिस से ऑक्सीजन सिर्फ 70 रुपए में बनाई जा सकती है। यह पोर्टेबल और काफी हलका है। इलेक्ट्रोलिसिस के बाद ऑक्सीजन एकत्र करने के लिए इस्तेमाल होनेवाले चैंबर्स को आसानी से एक जगह से दूसरी जगह ले जाया जा सकता है। इसका रखरखाव भी आसान है।

5. आईआईटी, वाराणसी के दो छात्रों ने 'टचपैड' विकसित किया है। यह असाध्य और साध्य ट्यूमर को अलग करता है। अंतर समझने के लिए कोशिकाओं की इलेक्ट्रिकल प्रॉपर्टीज का अध्ययन करता है। यह उपकरण कैपेसिटंस से रीडिंग लेकर उसे डिजिटली कन्वर्ट करता है। इसकी मदद से डॉक्टर कैपेसिटंस में बदलाव नाप सकते हैं। यह बता सकते हैं कि कौन सा ट्यूमर कैंसर का नहीं है या साध्य है, जो आगे चलकर असाध्य ट्यूमर बन सकता है।

फंडा यह है कि कई इंजीनियरिंग छात्र मेडिकल फील्ड में रिसर्च कर रहे हैं। दुनिया भर में किफायती स्वास्थ्य सुविधाएँ मुहैया कराना सबसे बड़ा मिशन बन चुका है।

□

युवा भारत को धीरे-धीरे जकड़ रहा है फेसबुक

यह बुखार कभी-कभी जानलेवा हो सकता है। और इसका इलाज अगर किसी के पास है तो वे हैं माता-पिता। बेंगलुरु का एक केस इसकी नजीर है। यहाँ 14 साल की एक लड़की ने फाँसी लगाकर आत्महत्या कर ली। क्यों? क्योंकि उसके एक फेसबुक फ्रेंड ने उसे धोखा दिया। घटना पिछले साल सितंबर की है। पुलिस का कहना है कि फेसबुक फ्रेंड से लड़की ऑनलाइन बातचीत के दौरान ही प्यार करने लगी थी। उसके परिवार को इस बारे में पता ही नहीं था। इंदौर में एक लड़का आदतन कक्षाएँ बंक कर रहा था। जब कक्षाएँ चल रही होतीं, वह यहाँ-वहाँ घूमता पाया जाता। उसकी आँखें हमेशा चढ़ी हुई, उनींदी सी रहतीं। कक्षा में क्या हो रहा है, इसमें उसका कोई इंटरेस्ट ही नहीं था। जब उसके माता-पिता से बातचीत की गई तो सच का पता चला। वह बच्चा रोज सुबह उठते ही सबसे पहले अपना फेसबुक अकाउंट चैक करता। रात में सोने से पहले भी यही काम। बीच-बीच में जब टाइम मिलता, तब भी मोबाइल पर फेसबुक अकाउंट पर लगातार नजर रखता था। यानी वह ज्यादातर वक्त फेसबुक पर ही बिता रहा था। उसको पर्याप्त नींद नहीं मिल पा रही थी। यह शायद उसके लिए जरूरी भी नहीं था। उस पर पूरी तरह 'फेसबुक फीवर' हावी था। ऐसे ही एक 11वीं कक्षा की लड़की ने अपने मिडिल नेम के साथ फेसबुक पर अकाउंट बनाया। उसकी तसवीरों से किसी ने छेड़छाड़ कर दी। वह अपने रिश्तेदारों को मुँह दिखाने लायक नहीं रही। थक-हारकर उसे शहर छोड़कर कहीं दूसरी जगह जाना पड़ा।

ये तीन चंद उदाहरण हैं, जो बता रहे हैं कि भारत में युवाओं को 'फेसबुक फीवर' जकड़ रहा है। एक अध्ययन बताता है कि फेसबुक या ऐसी ही अन्य सोशल

साइट्स पर करीब 77 फीसदी बच्चों को परेशान किया जाता है। अनजान यूजर्स उनके अकाउंट और तसवीरों से छेड़छाड़ करते हैं। इससे ज्यादा अहम यह कि सिर्फ 50 फीसदी माता-पिता ही मानते हैं कि उनका बच्चा फेसबुक पर ऐसे किसी अनुभव से गुजरा है। अध्ययन के मुताबिक, एक भारतीय बच्चा औसतन हर सप्ताह करीब नौ घंटे तक फेसबुक जैसी साइट्स पर बिताता है। अध्ययन से यह भी जाहिर हुआ कि हर भारतीय फेसबुक यूजर करीब-करीब रोज इस साइट पर समय खर्च करता है। इसकी वजह से वे अपने परिवार और दोस्तों को भी नजरअंदाज करने लगते हैं। ऐसे में कई स्कूलों के प्रबंधन ने अभिभावकों को ताकीद करना शुरू कर दिया है। वे माता-पिता को बच्चों पर अतिरिक्त नजर रखने के लिए कह रहे हैं, ताकि वे यह जान सकें कि उनका बच्चा इंटरनेट पर कब क्या कर रहा है! देश के कई अग्रणी स्कूल तो माता-पिता की अतिरिक्त कक्षाएँ ले रहे हैं। इन कक्षाओं में अभिभावकों को इंटरनेट फिल्टर्स के बारे में बताया जाता है। मुंबई में पिछले दिनों ऐसी कक्षाएँ लगाई गईं। इनमें अभिभावकों को नेट नैनी पैरेंटल कंट्रोल 6.5, साइबर सिटर-11, प्योर साइट पीसी-2011, के-9 वेब प्रोटेक्शन आदि के बारे में बताया गया।

ये सभी इंटरनेट फिल्टर्स हैं। इनके मार्फत इंटरनेट सर्फिंग को बच्चों के लिहाज से सुरक्षित किया जा सकता है। ये फिल्टर्स अवांछित साइटों और कंटेंट को ब्लॉक कर देते हैं। इसमें कोई दो राय नहीं कि फेसबुक जैसी साइटें लोगों से बातचीत का, संपर्क का बेहतर जरिया हैं। लेकिन इनमें वह ताकत भी है कि वे आपके घर में, फ्रेंड सर्किल में, आपसी संबंधों में दखलंदाजी कर सकें। इसलिए सावधानी बेहद जरूरी है। चीन, ताइवान, दक्षिण कोरिया जैसे देशों में सबसे ज्यादा ब्रॉडबैंड का इस्तेमाल होता है। इंटरनेट की लत पर सबसे ज्यादा अध्ययन भी इन्हीं देशों में हुए हैं। लगातार मिल रहे खतरनाक संकेतों के मद्देनजर दक्षिण कोरिया की सरकार ने इंटरनेट की लत को सार्वजनिक समस्या घोषित कर दिया है। इसी तरह चीन ने भी इस बीमारी से निजात पाने की इच्छा रखनेवालों के लिए पूरे देश में करीब 300 केंद्र खोले हुए हैं। इससे इस बढ़ रही नई समस्या का अंदाजा आप खुद लगा सकते हैं।

फंडा यह है कि 'फेसबुक फीवर' का इलाज किसी केंद्र या स्कूल में नहीं है। वास्तव में इसका इलाज सिर्फ माता-पिता के पास है। और इस तरह वे युवा भारत पर हुए हमले का मुकाबला भी कर सकते हैं।

□

जीतने की आदत है तो बाधाएँ रोक नहीं सकतीं

उसे पहली बार भारत के राष्ट्रपति ने नेशनल अवॉर्ड दिया। कुछ समय ही बीता कि दूसरी बार उन्हीं राष्ट्रपति के हाथ से उसे अगले नेशनल अवॉर्ड से सम्मानित होने का मौका मिल गया। उसे उसकी नई खोज के लिए अवॉर्ड मिले थे। इसके बाद राष्ट्रपति बदले, लेकिन नेशनल अवॉर्ड लेने की उसकी आदत नहीं बदली। अगले महीने यानी दिसंबर में उसे चौथा नेशनल अवॉर्ड मिलनेवाला है। तकनीक और इससे जुड़े उपकरण आए दिन तो सस्ते नहीं होते, लेकिन बेंगलुरु के आरएस हिरेमथ के लिए यह बाएँ हाथ का काम है। वे गरीबों के लिए लगातार नए और सस्ते उपकरण विकसित कर रहे हैं। उनका ताजा आविष्कार है—सौर ऊर्जा से चलनेवाली कान की मशीन का चार्जर। इसके लिए उन्हें राष्ट्रपति प्रणब मुखर्जी से चौथा नेशनल अवॉर्ड मिलनेवाला है। हिरेमथ ने कर्नाटक के बीजापुर से मेकैनिकल इंजीनियरिंग की डिग्री ली है, लेकिन नौकरी के लिए नहीं। वे हमेशा नई तकनीक और उपकरणों का आविष्कार करना चाहते थे। इसी का नतीजा था कि उन्होंने सबसे पहले सौर ऊर्जा से चलनेवाली कान की मशीन बनाई। यह कान की मशीन हिट हो गई। अब तक इसकी 1.30 करोड़ यूनिट बेची जा चुकी हैं। गाँवों से, खासकर स्कूल जानेवाली युवा लड़कियों से उन्हें लगातार सकारात्मक फीडबैक मिला।

इस मशीन ने हिरेमथ को पहला नेशनल अवॉर्ड दिलाया। सरकार ने भी इस उपकरण को जरूरतमंदों में बँटवाना शुरू कर दिया। लेकिन इसकी बैटरी को चार्ज करना महँगा पड़ रहा था। इस मशीन में हर सप्ताह बैटरी बदलनी पड़ती थी, जिससे उपयोग करनेवाले पर सालाना करीब 1,440 रुपए का बोझ पड़ता। यह देखते हुए

हिरेमथ ने सौर ऊर्जा वाला चार्जर बना दिया। चार्जर की कीमत रखी 1,300 रुपए। इसके साथ दो चार्जेबल बैटरियाँ भी मुफ्त। ये बैटरियाँ ऐसी कि इन्हें छह साल तक बदलने की जरूरत न पड़े। इस तरह कान की मशीन इस्तेमाल करनेवालों पर सालाना बोझ घटकर महज 216 रुपए रह गया। चार महीने पहले उन्होंने यह आविष्कार किया। इसके लिए 'आर्टिफिशियल लिंब मैन्यूफैक्चरिंग कॉरपोरेशन ऑफ इंडिया' (एलिमको) ने उन्हें प्रमाण-पत्र दिया है। 'एलिमको' के चेयरमैन जी. नारायण राव के मुताबिक हिरेमथ का बनाया चार्जर स्विस कंपनियों के बनाए उपकरण से भी बेहतर है। हिरेमथ को दूसरा नेशनल अवॉर्ड एक 'टॉकिंग टैक्टाइल मैप' बनाने के लिए मिला था। यह उपकरण उन लोगों की मदद के लिए है, जो देख नहीं सकते।

यह उपकरण इन लोगों को अकेले ही किसी भवन की सीढ़ियाँ वगैरह चढ़ने में सक्षम बनाता है। उन्हें सीढ़ियों, एलीवेटर आदि की दिशा बताता है। साथ ही सड़क पार करने में मदद करता है। तीसरा नेशनल अवॉर्ड हिरेमथ को उनके 'इ-चरखा' के लिए मिला। उन्होंने अपनी यात्रा के दौरान देखा कि गुजरात में कच्छ के कई गाँवों में बिजली नहीं है। लिहाजा उन्होंने इस इलाके के ग्रामीणों की मदद के लिए ऐसा चरखा बनाया, जिससे सूत कातने के साथ बिजली भी पैदा की जा सके। कम-से-कम घर में एकाध बल्ब जलने लायक बिजली तो बन ही जाए। और इसमें भी वे सफल रहे। हिरेमथ को जब उनके आविष्कार के लिए पहला नेशनल अवॉर्ड मिला तो कई बड़ी कंपनियों ने उन्हें जॉब ऑफर किया। भारी-भरकम पैकेज का लालच दिया। लेकिन उन्होंने सभी प्रस्ताव ठुकरा दिए। उन्होंने तय कर लिया था कि उन्हें अपना ज्ञान गरीबों की मदद के लिए ही लगाना है। और यही वे कर भी रहे हैं। उन्होंने अपनी कामयाबी के लिए जो न्यूनतम बेंचमार्क तय किया है, वह है नेशनल अवॉर्ड।

फंडा यह है कि जीतना एक आदत होती है। कोई मौके-बेमौके मिलनेवाली चीज नहीं। अगर आपने अपने भीतर यह आदत डाल ली है तो कोई बाधा आपको रोक नहीं सकती।

□

कुछ नया करते रहिए, ताकि आपकी चर्चा हो

सोचिए, आप अपना इ-मेल चैक कर रहे हैं। तभी कंप्यूटर स्क्रीन पर एक शादी समारोह का निमंत्रण-पत्र आपके सामने होता है। आपके लिए दो विकल्प पेश हो जाते हैं। एक में पूछा जाता है कि आप समारोह में शामिल हो रहे हैं तो क्लिक करें। दूसरे में, समारोह में शामिल नहीं हो रहे हैं तो क्लिक करें। आप दूसरे विकल्प को चुनते हैं तो तुरंत एक अन्य संदेश आपके सामने होता है। इसमें लिखा होता है, 'हम कामना करते हैं कि आप इस समारोह में शामिल हो पाएँ।' आपने पहला विकल्प चुना तो आप दूसरे पेज पर पहुँच जाएँगे। यहाँ फिर से इ-मेल एड्रेस दर्ज करते हो तो आपसे वेडिंग कोड (पासवर्ड) पूछा जाएगा। सभी अतिथियों को यह वेडिंग कोड याद रखना अनिवार्य है, तभी आप समारोह स्थल में अंदर जा सकेंगे।

अगर वेडिंग कोड भूल गए हैं तो आपको याद दिलाने के लिए ऑनलाइन मदद मिल जाएगी। वेडिंग कोड डालते ही आपकी एंट्री दर्ज हो जाएगी। अब अगले चरण में आपसे पूछा जाएगा कि आपके साथ कितने लोग समारोह में आ रहे हैं? हर सदस्य के लिए एक बटन पर क्लिक करना होगा। आपको सभी सदस्यों के नाम बताने होंगे। जिस सॉफ्टवेयर के जरिए यह सब हो रहा है, उसे इस तरह डिजाइन किया गया है कि हर आमंत्रित अतिथि के लिए एक अकाउंट बनता है। यह अकाउंट खास तौर पर डिजाइन की गई एक वेबसाइट पर दर्ज होता है। वेबसाइट पूरी तरह इसी शादी समारोह से संबंधित है। हो सकता है, आपको यह कहानी जेम्स बॉण्ड की किसी फिल्म की लगे। हम बता दें कि यह समारोह फिल्मी नहीं है। एक अरबपति परिवार का यह समारोह इसी महीने की 27 तारीख को आयोजित था।

बेंगलुरु के दो बड़े रेस्टोरेंट 'कैपरबेरी' और 'फवा' की मालकिन श्रुति शिबुलाल की शादी का यह समारोह था। वे आईटी कंपनी इन्फोसिस के सह-संस्थापक एसडी शिबुलाल की बेटी हैं। अब आप समझ चुके होंगे कि यह इ-इनविटेशन इस परिवार के लिहाज से कोई अचरज की बात नहीं। श्रुति की शादी बुधवार को बेंगलुरु के व्यवसायी गौरव मनचंदा से हुई है। श्रुति के पास इन्फोसिस के भी शेयर हैं। वे करीब 900 करोड़ रुपए की संपत्ति की मालकिन हैं। वे अमेरिका में पेनसिल्वेनिया के हेवरफोर्ड कॉलेज से पढ़ी हैं। 'कोलंबिया बिजनेस स्कूल' से पिछले साल ही उन्होंने एमबीए की डिग्री ली है। श्रुति के रेस्टोरेंट में 'कैपरबेरी' और 'फवा' दोनों में एक-एक चीज की शानदार डिटेलिंग मिलेगी। 'कैपरबेरी' आधुनिक यूरोपियन स्वाद का अड्डा है। यहाँ पाक-कला की बारीक खुशबू तक आपके नथुनों में समा जाएगी। 'फवा' टिप-टॉप मेडीटेरेनियन फूड के लिए जाना जाता है। यहाँ के लाउंज बार और निजी डाइनिंग स्पेस की बात ही क्या है! दोनों रेस्टोरेंट में खाना परोसने का अंदाज भी एकदम जुदा है। यह आपको इनके और खुद अपने भी खास होने का हर वक्त अहसास कराता है।

इसलिए क्या अचरज कि जो लड़की कारोबार की छोटी-छोटी चीजों पर इतना ध्यान देती हो, वह अपनी शादी को भी उतनी ही तवज्जो दे! आमंत्रण भेजने के इस नए अंदाज ने श्रुति को पूरे शहर में चर्चा का विषय बना दिया। ऐसा कौन होगा, जो यह न चाहे कि उसकी शादी का जिक्र पूरे शहर में हो। कई लोग तो इसके लिए अपनी हैसियत से बाहर जाकर खर्च करने से भी नहीं चूकते। लेकिन यह कम लोग जानते हैं कि तौर-तरीकों में थोड़ा नयापन लाने से ही यह मकसद पूरा हो सकता है। श्रुति जानती थीं और उन्होंने कर दिखाया।

फंडा यह है कि अगर आप चाहते हैं कि आपसे जुड़ा कोई भी घटनाक्रम शहर में चर्चा का विषय बने तो कुछ नया कीजिए। उससे जुड़ी छोटी-से-छोटी चीजों पर काम कीजिए। आपका मकसद पूरा हो जाएगा।

□

जिंदगी चुनौती दे तो आप उसका मुकाबला कीजिए

बेंगलुरु से करीब 110 किलोमीटर की दूरी पर है कोलार गोल्ड फील्ड। इस फील्ड में करीब 200 टन सोना होने का अनुमान है। इसकी बाजार में कीमत करीब 60 हजार करोड़ रुपए आँकी गई है। सात दिन पहले इस गोल्ड फील्ड के बारे में एक खबर छपी थी। इसमें बताया गया था कि अगले साल अप्रैल से फिर यहाँ खनन शुरू होने की संभावना है। लेकिन सोने की खदानवाले इस इलाके में रहनेवाले उस बच्चे के पास बिल्कुल भी पैसे नहीं थे। सिर्फ 10 साल की उम्र थी उसकी। चौथी कक्षा में पढ़ रहा था, तभी उसके माता-पिता का देहांत हो गया। कोलार से कुछ दूरी पर स्थित मलूर गाँव में हुए एक एक्सीडेंट में उनकी मौत हो गई थी। एक-दो दिन तक उस अनाथ बच्चे को कुछ लोगों ने खाना-पीना दिया, लेकिन उसके बाद किसी ने नहीं पूछा। उसके भूखे-प्यासे होने की, मूलभूत जरूरतों की किसी को चिंता नहीं थी। लिहाजा वह एक भले आदमी की मदद से एक बस में चढ़ गया और बेंगलुरु आ गया।

उसकी जेब में बिल्कुल भी पैसे नहीं थे, इसलिए बसस्टैंड पर ही रह गया। कई-कई दिनों तक एक ही जोड़ी कपड़े पहने रहना, वहीं जो काम मिल जाए, कर लेना···किसी तरह बस दो जून के निवाले का ही जुगाड़ कर पा रहा था। समय कुछ और बीता। धीरे-धीरे उसने बसों के ड्राइवरों-कंडक्टरों का भरोसा जीत लिया। वह उनके लिए चाय-सिगरेट लाता। बसें बैक करने और उन्हें पार्क कराने में भी ड्राइवरों की मदद करता। बसों की धुलाई-सफाई कर देता। उसके व्यवहार ने उसे ज्यादातर ड्राइवर-कंडक्टरों का पसंदीदा बना दिया।

चूँकि वह लड़का 24 घंटे ही बस स्टैंड पर रहता था, इसलिए वहाँ उसकी नजर

कुछ असामाजिक तत्त्वों पर भी पड़ गई। कुछ जेबकतरे-चोर वगैरह। उनमें से ज्यादातर को वह पहचानने लगा था। उन्हें वारदात करते देख चुका था। कुछ समय बाद उसने इन सब के बारे में पुलिस को सूचनाएँ देनी शुरू कर दीं। ये बदमाश एक-एक कर पकड़े जाने लगे। ऐसे ही एक बार जब उसने एक गिरोह को रँगेहाथ पकड़वाया तो उन बदमाशों ने कुछ दिन बाद उसकी पिटाई कर दी। इस तरह की घटनाएँ और भी कई बार हुईं, लेकिन उसने कभी इन बदमाशों का गिरहबान नहीं छोड़ा। पुलिस का नियमित मुखबिर बन गया और चार साल में उसने बस स्टैंड को चोर-उचक्कों से मुक्त करा दिया।

उसकी बहादुरी का उसे इनाम भी मिला। उसे कर्नाटक राज्य सड़क परिवहन निगम ने होमगार्ड की नौकरी दे दी। इस नौकरी के साथ भी वह पुलिस के लिए मुखबिरी करता रहा। पिछले 20 साल में वह हजारों जेबकतरों और बदमाशों को पकड़वा चुका है। उसका कहना है कि जहाँ तक हो सकेगा, वह अपना भाग्य खुद लिखेगा। उसे आज यह पसंद नहीं कि उसे कोई दया का पात्र माने। किसी से उसने कभी अपनी गरीबी या संघर्ष की कहानी भी नहीं बताई। वह आत्मसम्मान के साथ रहना चाहता है और रह भी रहा है। हाल में ही उसने राज्य के गृहमंत्री के.जे. जॉर्ज को एक पत्र लिखा है। इसमें आग्रह किया है कि होमगार्ड के जवानों को ज्यादा सुविधाएँ और शक्तियाँ दी जाएँ। पत्र में उसने ऐसे कई उदाहरण गिनाए हैं, जहाँ होमगार्ड के जवानों ने अपराधों और अपराधियों पर नकेल कसने में मदद की। उसने इन छोटे-मोटे अपराधों से निपटने का ब्लूप्रिंट दिया है सरकार को। भीड़-भाड़वाले इलाकों में पुलिस अकसर अनाउंसमेंट करके लोगों को जेबकतरों वगैरह से सावधान रहने की नसीहत देती रहती है। सीसीटीवी कैमरे भी लगाए गए हैं। इस सबके साथ अगर होमगार्ड के जवानों की मदद भी ली जाए तो अपराधों और अपराधियों को खत्म करने में देर नहीं लगेगी। कर्नाटक में होमगार्ड के करीब 30 हजार जवान हैं। उन सबकी आवाज बना है मुनिराजू। दिलचस्प बात यह है कि मुनिराजू की आवाज को गृहमंत्री भी अनसुना नहीं कर पाए हैं। उन्होंने होमगार्ड के जवानों को और अधिक सुविधाएँ तथा शक्तियाँ मुहैया कराने के लिए प्रक्रिया शुरू कर दी है।

फंडा यह है कि आप खुद को दया के पात्र के तौर पर पेश करते हैं तो आपकी छवि दब्बू इनसान की ही बनेगी। बेहतर है अगर जिंदगी आपको चुनौती दे रही हो तो उसका मुकाबला कीजिए।

□

समाधान खोजने की प्रतिभा से बनता-बिगड़ता है कॅरियर

इंटरव्यू चल रहा था। इंटरव्यू लेनेवाले ने पास खड़े नौकर को दो कप कॉफी लाने का इशारा किया। वह कॉफी लाया और एक-एक कप दोनों के सामने रख दिया। सवाल-जवाब का सिलसिला आगे बढ़ा। अचानक उम्मीदवार से इंटरव्यू लेनेवाला पूछ बैठा, 'आपके सामने क्या है?' उम्मीदवार ने कह दिया, 'चाय।' जवाब गलत था, लेकिन उम्मीदवार के चेहरे पर झलक रहे यकीन में पूरी सच्चाई थी। उसके दिमाग में कॉफी या चाय लेकर कोई भ्रम नहीं था। बस खुद पर भरोसे की इसी खासियत ने नौकरी के लिए उसका चयन करा दिया। अगली उम्मीदवार एक लड़की थी।

इंटरव्यू ले रहे व्यक्ति ने उससे जानना चाहा, 'अगर एक दिन सुबह उठते ही तुम्हें पता चले कि तुम गर्भवती हो तो तुम्हारी प्रतिक्रिया क्या होगी?' लड़की ने बड़ी शांति से जवाब दिया, 'अपने पति के साथ उस पल को एन्जॉय करूँगी।' उस लड़की का भी सिलेक्शन हो गया। इंटरव्यू लेनेवाले को उम्मीद नहीं थी कि लड़की इतनी शांति से इस कदर सधा हुआ जवाब देगी, क्योंकि वह शादी-शुदा नहीं थी। ऐसे सवाल जाहिर तौर पर अटपटे लग सकते हैं। लेकिन इंटरव्यू लेनेवाले युवा पीढ़ी की प्रतिभा का आकलन करने के लिए इन्हें आधुनिक तौर-तरीकों के तौर पर आजमा रहे हैं। खासकर यह देखने को कि युवाओं में भावनात्मक आवेग कितना है? दी गई स्थिति में वे किस तरह प्रतिक्रिया देते हैं? साल 2014 तक भारत में 50 लाख लोग ग्रेजुएट हो जाएँगे। लेकिन इसका बुरा पहलू है कि इनमें सिर्फ 35 फीसदी ही रोजगार पाने लायक होंगे, क्योंकि बाकियों में जरूरी कौशल नहीं है।

आपका सवाल हो सकता है कि ये आँकड़े किसके हैं? और वह इन तक कैसे

पहुँचा? तो जवाब यह है कि हाल में ही 28 राज्यों व सात केंद्रशासित प्रदेशों के 22 सौ कॉलेजों के छात्रों का ऑनलाइन टेस्ट लिया गया। दो महीने परीक्षा चली। छात्रों से भाषा कौशल, व्यक्तित्व विकास, सूचना-तकनीक, सामान्य ज्ञान, वित्त, खुदरा बिक्री संबंधी आदि सवाल पूछे गए। लगभग एक लाख छात्रों ने इसमें भाग लिया। इनमें 32 हजार लड़कियाँ थीं। 'कॉन्फेडरेशन ऑफ इंडियन इंडस्ट्री' (सीआईआई) व 10 बड़े सेक्टरों की कंपनियों ने मिलकर यह टेस्ट लिया था। इस परीक्षा के ये निष्कर्ष थे। परीक्षा का नाम था, 'वैस्ट' यानी 'व्हीबॉक्स एंप्लॉयबिलिटी स्किल्स' टेस्ट। सीआईआई के लिए परीक्षा आयोजित करने में 'एसोसिएशन ऑफ इंडियन यूनिवर्सिटीज' ने भी सहयोग किया। इस परीक्षा ने एक और काम किया। सरकारी, औद्योगिक क्षेत्र, कौशल विकास परिषद्, कई एसोसिएशन और अकादमिक पेशेवरों को एक प्लेटफॉर्म पर लेकर आई। यह इसलिए, ताकि भविष्य के कर्मचारियों का आकलन किया जा सके। भारत की आबादी करीब 130 करोड़ है। इसमें से आधी आबादी 30 साल से कम की है। हर साल एक करोड़ 20 लाख लोग देश के कामगारों में जुड़ जाते हैं। साल 2014 में देश के युवाओं के लिए रोजगार के मौके और बढ़नेवाले हैं।

सर्वे के मुताबिक पर्यटन, इंजीनियरिंग, हॉस्पिटैलिटी सेक्टर में रोजगार की सबसे ज्यादा संभावनाएँ हैं, लेकिन कार्यकुशल युवाओं की कमी हर क्षेत्र की चिंता की सबसे बड़ी वजह है। कंपनियाँ अपने कर्मचारियों में जो सबसे बड़ी प्रतिभा खोज रही हैं, वह है समस्या के समाधान का कौशल। कौशल परीक्षण 'वैस्ट' में जो 35 फीसदी लोग पास हुए, उनमें 11 फीसदी महिलाएँ थीं। और इस परीक्षण के दौरान पाया गया कि महिलाएँ समस्या के समाधान में पुरुषों की तुलना कहीं ज्यादा बेहतर हैं। इस दिक्कत से पार पाने के लिए कुछ कंपनियों ने पहल की है। मिसाल के तौर पर एचडीएफसी ने अपने यहाँ युवाओं को सशर्त जॉब के ऑफर लेटर देना शुरू किया है। इसके तहत भरती होनेवाले युवा को एक ट्रेनिंग कोर्स करना होता है। यह 'मॉडर्न बैंकर प्रोग्राम' है। 'टाइम्सप्रो' इसमें बैंक की मदद कर रही है। यह कोर्स इस तरह से डिजाइन किया गया है कि बैंक की जरूरतों के मुताबिक युवाओं को प्रशिक्षित किया जा सके। दूसरी कंपनियाँ भी इसी तरह की कोशिशों में लगी हैं।

फंडा यह है कि जिंदगी और बिजनेस में कई समस्याएँ आती हैं। आपके भीतर इन समस्याओं को हल करने का कौशल होना चाहिए।

□

असफलता के बावजूद ब्रांड बन सकता है आपका नाम

नई दिल्ली के सेंट स्टीफन कॉलेज में अपने साथ के और कई स्टूडेंट्स की तरह विपुल वेद प्रकाश भी ग्रेजुएशन कर रहा था। यह नई सहस्राब्दी शुरू होने से एक साल पहले यानी 1999 की बात है। उसने देखा कि उसके कई सीनियर अमेरिका की ओर रुख कर रहे हैं। वहाँ कोड राइटर के तौर पर काम करनेवालों की काफी माँग थी। हजारों-लाखों अमेरिकी कंप्यूटरों और उनकी एप्लीकेशंस को मैनेज करने के लिए वहाँ लोगों की जरूरत थी। लिहाजा वेद प्रकाश ने भी कोड राइटिंग कोर्स ज्वॉइन कर लिया। लेकिन एक दिक्कत थी। ग्रेजुएशन कोर्स के लिए कॉलेज में मिनिमम अटेंडेंस जरूरी थी। इसलिए वेद प्रकाश कोड राइटिंग पर पूरा ध्यान नहीं लगा पा रहा था। ऐसे में उसने अचानक एक दिन कॉलेज जाना बंद कर दिया। उस पर कॉलेज 'ड्रॉप आउट' का ठप्पा लग गया। इस दौरान उसकी काफी आलोचना हुई। लेकिन उसने परवाह नहीं की। ठीक एक साल बाद यानी 2000 में उसे कैलीफोर्निया की म्यूजिक शेयरिंग साइट 'नैप्सटर' से ऑफर मिल गया। यहाँ उसने पूरे तीन साल काम किया।

'नैप्सटर' में वेद प्रकाश ने सीधे वेबसाइट के चीफ जॉर्डन रिटर के साथ काम किया। इस दौरान उनके साथ मिलकर एक नई कंपनी स्थापित की। सिक्योरिटी सॉफ्टवेयर बनानेवाली इस कंपनी का नाम था 'क्लाउडमेकर'। तीन साल और इस नए वेंचर के साथ काम किया। लेकिन वेद अपने काम से कुछ खास संतुष्ट नहीं था। इसलिए उसने कंपनी छोड़ दी। साल 2007 में उसने 'टॉप्सी लैब इंक' नाम की कंपनी ज्वॉइन की। इसमें एक भारतीय और दो गैर-भारतीय साझीदार थे।

उस वक्त 'माइक्रोब्लॉगिंग वेबसाइट ट्विटर' धीरे-धीरे लोकप्रिय हो रही थी। यह कम शब्दों में भावनाएँ-विचारों को तेजी से व्यक्त करने का प्रभावी प्लेटफॉर्म साबित हो रही थी। वेदप्रकाश सहित 'टॉप्सी लैब' के साझीदारों को उसी समय यह समझ आ गया कि ट्विटर के साथ कारोबार उनके लिए फायदेमंद हो सकता है। उन्हें इससे अच्छी-

खासी कमाई हो सकती है। और 'टॉप्सी लैब ट्विटर' से जुड़ गई—'फायरहॉज' के नाम से। साल 2006 के बाद से आज तक किए हर ट्वीट इस पर उपलब्ध हैं।

'टॉप्सी लैब ट्विटर' की सर्टिफाइड पार्टनर है और सभी तरह के ट्वीट के रिकॉर्ड को मैंटेन रखने तथा उनका विश्लेषण करने का काम करती है। ट्विटर के यूजर 'फायरहॉज' पर एक्सेस लेकर पुराने ट्वीट देख सकते हैं। तलाश सकते हैं कि कब कौन सा शब्द या खास टर्म कितनी बार ट्वीट किया गया। किस तरह की एक्टिविटीज, सेंटीमेंट्स आदि कब-कितने हावी रहे। और इसी तरह की अन्य जानकारियों को अपने काम और जरूरत के हिसाब से जब-तब इस्तेमाल किया जा सकता है।

ट्विटर पर रोज करीब 50 करोड़ ट्वीट किए जाते हैं। यानी आप अंदाजा लगा सकते हैं 'टॉप्सी लैब' के पास कितनी बड़ी तादाद में ट्वीट्स का संग्रह होगा! 'टॉप्सी' ने यह सब यों नहीं किया था। वह जानती थी कि इस भारी-भरकम कवायद से उतनी ही बड़ी कमाई होगी! हुई भी। इस सोमवार को ही 'एपल इंक' ने 'टॉप्सी' को 20 करोड़ डॉलर (करीब 1,222 करोड़ रुपए)) में खरीदा है। सिर्फ इसके पास मौजूदा डाटा के खजाने के कारण एपल जैसी कंपनी इतनी भारी-भरकम कीमत देने को तैयार हुई। 'एपल' ने इससे पहले भी कई कंपनियाँ खरीदीं, ताकि उसके प्रोडक्ट और सर्विस को बेहतर बनाया जा सके। उसमें नए टूल्स जोड़े जा सकें। मिसाल के तौर पर 2010 में उसने 'सीरी इंक' को खरीदा। अब यह एपल के प्रोडक्ट में एक फीचर के तौर पर नजर आ रही है। 'टॉप्सी' के साथ भी यही हो सकता है और एपल हमेशा कंपनी से ज्यादा उसके टेलेंट पर फोकस करती है। 'टॉप्सी' को अपने साथ जोड़कर भी उसने यही किया है। इसके पीछे लगे दिमाग अब 'एपल' के लिए काम करेंगे।

'एपल' के मैनेजमेंट में जुड़े लोगों से जब 'टॉप्सी' को खरीदने के संबंध में मीडिया ने प्रतिक्रिया माँगी तो उन्होंने कुछ भी कहने से मना कर दिया। शायद उनके लिए यह कोई बड़ी चीज न हो। लेकिन 'टॉप्सी' के वेद प्रकाश और उनकी टीम के लिए तो यह जश्न का मौका है। जाहिर तौर पर आज कोई भी वेद प्रकाश को 'कॉलेज ड्रॉप आउट' कहने की हिम्मत नहीं कर सकता; क्योंकि उनकी कामयाबी ने इस धब्बे को धो डाला है। आज उनका नाम अपने आप में एक 'ब्रांड' बन चुका है।

फंडा यह है कि जवानी के जोश में कभी-कभी अपने नाम का बैंड बज जाता है। असफलताएँ अपने खाते में जमा हो जाती हैं। फिर भी खुद के नाम को 'ब्रांड' बनाने के मौके कभी खत्म नहीं होते। बस सिर्फ फोकस चाहिए।

□

ईमानदारी जब देती है तो देती है छप्पर फाड़ के

अपने रिश्तेदारों के साथ दीवाली मनाने के लिए कल मैं चेन्नई में उतरा। मैं वहाँ के ऑटो ड्राइवर्स के ऑटो चलाने के तौर-तरीकों को लेकर तनाव में था।

एयरपोर्ट से बाहर निकला। वहाँ ऑटो रिक्शा नंबर टी.एन. 1-वी-7889 और उसका मालिक मुझे घूर रहे थे। मैंने कोई दोस्ताना व्यवहार नहीं दिखाया। सख्त चेहरा बनाते हुए अपने ठिकाने का जिक्र किया। मैं ऑटो में बैठा और मीटर डाउन हो गया। उसके अगले तीन मिनट तक हम दोनों में से कोई भी कुछ नहीं बोला।

अचानक मेरा ध्यान आईने के पीछे और आगे लिखे शब्दों पर गया। वहाँ लिखा था—'मेरी ईमानदारी के लिए यह मुझे अम्माँ का उपहार है।' पूरे देश के लिए अम्माँ का अर्थ होता है माँ, लेकिन तमिलनाडु में इसका अर्थ है—'मुख्यमंत्री जे. जयललिता'।

मेरे अंदर का जर्नलिस्ट चुप नहीं रह सकता था। मैंने पूछा, 'क्या तुम्हारे कहने का मतलब है कि तुम्हारी ईमानदारी की वजह से मुख्यमंत्री ने तुम्हें यह ऑटो उपहार में दिया है?' मेरे इन शब्दों में एक तरह से ताना छिपा हुआ था। कारण भी था। 'चेन्नई में ईमानदारी और ऑटो प्रोफेशन साथ-साथ नहीं चल सकते।' ऑटो ड्राइवर मनोहर ने मेरे शब्दों पर ध्यान नहीं दिया और एक कहानी सुनाई।

'सर, तीन साल पहले की बात है। मेरी बेटी ने दीवाली के लिए नए कपड़े माँगे थे। मैंने उसकी इच्छा पूरी करने के लिए 200 रुपए उधार लिये। मैं उस समय किराए का ऑटो चलाता था और उसे खड़ा नहीं रख सकता था। इसलिए मैं नाइट शिफ्ट में ऑटो चलाने चला गया। वह इस तरह कहानी सुना रहा था, मानो प्रबंधन के संसाधनों के अधिकतम इस्तेमाल के सिद्धांत के बारे में बता रहा हो, लेकिन मेरी नजर ऑटो रिक्शा के

मीटर पर धँसी हुई थी।

उसने कहा, 'उस शाम मेरी पहली ट्रिप चार लोगों की थी। उनमें से सबसे छोटा मेरे साथ बैठा। मैंने उन्हें करीब ढाई घंटे यहाँ-वहाँ घुमाने के बाद केके नगर (पॉश-इलाका) के बँगले पर उतारा। मैंने 200 रुपए का शुद्ध लाभ कमाया था। मैं चाय पी रहा था, तभी एक ग्राहक आया। उसे मेरे घर के पास ही जाना था।'

'जब मैं उसे लेकर जा रहा था, तब उसने बताया कि सीट पर एक बैग रखा है। मैंने कहा कि बैग को सीट के पीछे रखें। मैंने सोचा कि यह बैग जरूर उन चार लोगों में से किसी का होगा। उनके पास एक ही बैग था।'

दूसरे ग्राहक को भी छोड़ने के बाद मनोहर उस बैग के बारे में भूल गया। वह घर गया और उसने खाना खाया। अचानक कुछ ध्यान आते ही उसने बेटी से कहा कि बैग लेकर आए। परिवार ने उस बैग को खोला तो सभी दंग रह गए। उसमें एक-एक हजार के नोटों के बंडल थे। पूरे 14 लाख रुपए!

तीनों तत्काल पुलिस थाने पहुँचे। वहाँ जब उनका बयान दर्ज हो रहा था, तभी वायरलेस पर केके नगर में एक अज्ञात ऑटो में पैसे गुम होने का मैसेज आया। पुलिस ने उसका जवाब दिया। पहचान पुख्ता होने के बाद पैसे उस परिवार को लौटा दिए गए। परिवार ने अपने पैसे बेटे के मेडिकल में एडमिशन के लिए जुटाए थे। वह लड़का मनोहर के साथ आगे बैठा था।

पुलिस कमिश्नर मनोहर की ईमानदारी से बेहद प्रभावित हुए। उन्हें उपहार और प्रमाण-पत्रों से नवाजा गया। मुख्यमंत्री से हुई एक निजी मुलाकात में उन्होंने पूरी कहानी सुनाई। उसके बाद मुख्यमंत्री जयललिता ने मनोहर और उसके परिवार को बुलवाया। अपने कार्यालय को निर्देश दिए कि इस दीवाली से पहले मनोहर को नया ऑटो खरीदकर उपहार में दें। उसने गर्व के साथ कहा, 'यही कारण है कि मैंने ऑटो में उनका फोटो और स्लोगन लिखा है।' जब उसने मुझे छोड़ा तो मीटर में सिर्फ 80 रुपए ही हुए थे। आम तौर पर यहाँ-वहाँ ले जानेवाले ऑटो ड्राइवरों का मीटर 125 रुपए तक पहुँच जाता है। मैंने उसे मुसकराहट के साथ 100 रुपए दिए। मुझे लगता है कि वह इसका हकदार है।

फंडा यह है कि ईमानदारी के फायदे मिलने में समय लगता है। लेकिन जब वह देती है तो देती जाती है। वह देती है 'छप्पर फाड़ के'।

□

धीमी रफ्तार से बेहतर है निरंतरता के साथ तेजी

अति आत्मविश्वास, लापरवाही और पेड़ के नीचे सो जाने के कारण खरगोश दौड़ में कछुए से हार गया था। दोनों के बीच दोबारा दौड़ हुई। इस बार वह दौड़ा। लगातार दौड़ा और दौड़ जीत गया। मैनेजर्स की 'मॉडर्न थ्योरी' इसी सबक पर काम करती है। यह थ्योरी कहती है कि किसी भी संस्थान में वे कर्मचारी बेहतर काम करते हैं, जो अपनी गति 'तेज और निरंतर तेज' बनाए रखते हैं। 'धीमी और एक सी रफ्तार' बनाए रखनेवाले बेहतर नहीं कर पाते। मार्केटिंग और मैनेजमेंट गुरु यह थ्योरी लिखते, इससे पहले ही सुनीता शर्मा इसे अपना चुकी थीं।

सुनीता शर्मा एलआईसी हाउसिंग फाइनेंस की पहली महिला सीईओ हैं। उन्होंने 1981 में अपना कॅरियर शुरू किया। तब वे एलआईसी में सीधी भरती के जरिए चुनी गई थीं। उन्होंने हमेशा चुनौतियाँ और नई जिम्मेदारियाँ स्वीकार कीं। उनके सहयोगियों का कहना है कि शुरू से सुनीता को हर समस्या को उसके तार्किक निष्कर्ष तक पहुँचाना पसंद था। लेकिन इसमें कुछ फर्क था। वे ऐसे काम दूसरों से कहीं ज्यादा तेजी से कर लेती थीं। हर किसी से परस्पर संवाद ने उन्हें लोकप्रिय लीडर और मास्टर बिजनेस डेवलपर बना दिया। 5 नवंबर को जब वे एलआईसी हाउसिंग की एमडी और सीईओ चुनी गईं तो वे किसी वित्तीय संस्थान का नेतृत्व कर रहीं चुनिंदा महिलाओं की श्रेणी में शामिल हो गईं। ऐसी चुनिंदा महिलाओं की सूची में एसबीआई की प्रमुख अरुंधति भट्टाचार्य, इलाहाबाद बैंक की शुभलक्ष्मी पणसे, बैंक ऑफ इंडिया की विजयलक्ष्मी अय्यर, यूनाइटेड बैंक ऑफ इंडिया की अर्चना भार्गव, आईसीआईसीआई बैंक की चंदा कोचर, एक्सिस बैंक की शिखा शर्मा, एचएसबीसी इंडिया की नैना लाल

किदवई, जेपी मॉर्गन इंडिया की कल्पना मोरपरिया और आरबीएस इंडिया की मीरा सान्याल मौजूद हैं।

सुनीता इस क्लब में कैसे शामिल हुईं? क्योंकि उनके जैसे ओहदे पर पहुँच चुके लोग तो डेस्क पर बैठकर काम करना पसंद करते हैं। लेकिन वे ऐसी नहीं हैं। वे दफ्तर से बाहर भी कदम रखती हैं। क्लाइंट्स से मिलती हैं। बिजनेस लाती हैं। आप बीमा नियामक और विकास प्राधिकरण (आईआरडीए) के आँकड़ों पर गौर करें। आप पाएँगे कि जब से सुनीता ने कमान सँभाली, एलआईसी के पेंशन और ग्रुप स्कीम विभाग का बिजनेस 10,549 करोड़ रुपए से बढ़कर 34,525 करोड़ रुपए पर पहुँच गया। एलआईसी को मिले नए बिजनेस में इस विभाग की हिस्सेदारी 50 फीसदी है। सुनीता ने निजी कारणों के चलते कई बार प्रमोशन नहीं लिया। इससे उनके साथी आगे बढ़ गए और एमडी तक बन गए। लेकिन इससे सुनीता का आत्मविश्वास और काम करने की रफ्तार कम नहीं हुई। उनका उत्साह वैसा ही है, जब वे एलआईसी में आई थीं। वे खुद को टीम प्लेयर ही मानती हैं।

अब उनके पास एलआईसी हाउसिंग फाइनेंस की बड़ी जिम्मेदारी है, क्योंकि आरबीआई की मंजूरी के बाद यह बैंक में तब्दील हो जाएगा। आरबीआई को बिड़ला, बजाज, एल ऐंड टी और श्रीराम कैपिटल जैसे संस्थानों ने भी आवेदन दिए हैं। जनवरी 2014 में लाइसेंसों की घोषणा होगी। अगर सुनीता की कंपनी को लाइसेंस मिला तो उन्हें मूल संस्थान एलआईसी के नेटवर्क का फायदा मिलेगा। हर मुद्दे को उसके तार्किक निष्कर्ष तक पहुँचाने की उनकी काबिलियत से एलआईसी को मजबूती मिलेगी।

फंडा यह है कि गति की गुणवत्ता और उसकी निरंतरता सभी मुद्दों को उनके तार्किक निष्कर्ष तक ले जाती है। यह काबिलियत आपको धीमे कर्मचारियों के मुकाबले ज्यादा बेहतर बना देगी।

□

संपर्क से ज्यादा मानवीय और भावनाओं से भरा है संवाद

इस साल दीवाली पर मेरे घर काफी लोग आए। इतने सारे लोगों को देखकर काफी आनंद आया। खास मौकों पर आनेवाले लोग मुझसे बात करना चाहते थे। जबकि जो लोग आते रहते हैं, वे आँखों के इशारों से ही संदेश ले और दे रहे थे, लेकिन उनकी उँगलियाँ फोन पर नाच रही थीं। शायद वे उसमें संदेश भेजने व आए संदेशों के जवाब देने में व्यस्त थे। जरा सोचिए! छोटी सी चीज (मोबाइल), जो हम सबके पास है, कितनी ताकतवर है। इसने हमें कितना बदल दिया है। इसके द्वारा अब हम एक नए चलन के अभ्यस्त हो गए हैं—'अकेले होकर भी सबके साथ रहने का चलन।' तकनीक ने हमें इतना सक्षम बना दिया है कि हम कभी भी, कहीं भी, किसी से भी जुड़े रह सकते हैं।

हम अपनी जिंदगी अपने हिसाब से जीना चाहते हैं। हम जहाँ हैं, वहाँ से अपनी मरजी से अंदर या बाहर होना चाहते हैं। शायद इसी इच्छा ने हमें तकनीक पर निर्भर कर दिया है। यही वह चीज भी है, जिसकी वजह ये इन दिनों युवा वर्ग को जहाँ-तहाँ कानों में इयरफोन लगाए देखा जा सकता है। चाहे वे सड़क के किनारे चल रहे हों, लाइब्रेरी में हों या अपना कोई दूसरा काम कर रहे हों। हर जगह यही नजारा आम है। हाल में ही मैं जर्मन की एक कंपनी के ऑफिस में गया। इस कंपनी में मेरी बेटी इंटर्नशिप (काम का शुरुआती प्रशिक्षण) कर रही है। और जगहों की तरह वहाँ भी देखा कि 20 से 28 साल की उम्र के सभी युवा तरह-तरह के उपकरणों में उलझे थे। कोई लेपटॉप तो कोई आईपॉड या आईपैड पर। किसी के पास नई पीढ़ी के ढेरों फोन। और एक चीज लगभग सभी में कॉमन—इयरफोन। किसी-किसी का इयरफोन तो इतना बड़ा, जैसा कि पायलट विमान के कॉकपिट में इस्तेमाल करता है। एक तरह से इन लोगों ने अपने काम-काज

की जगह को विमान के कॉकपिट में ही तो तब्दील कर दिया है। पायलट की तरह उनकी नजरें सामने स्क्रीन पर होती हैं और इयरफोन के जरिए वे किसी-न-किसी से बात में उलझे रहते हैं। बातचीत काम से संबंधित हो या निजी मसले से, इससे कोई फर्क नहीं पड़ता। वैसे किसी ऑफिस में पहली बार मैंने इतनी अधिक संख्या में युवाओं को देखा। वह भी पूरी तरह शांत। लेकिन यह शांति ऐसी थी, जो खुद गुहार कर रही थी कि उसे किसी तरह तोड़ा जाए।

मैं कुछ दूरी पर खड़ा होकर ऑफिस का नजारा देख रहा था। इसलिए नहीं कि मुझे युवाओं को देखने में दिलचस्पी थी, बल्कि इसलिए कि मैं नई पीढ़ी के काम करने का तौर-तरीका समझने की कोशिश कर रहा था। संपर्क और संबंधों की यह शांति अजीब है। लोग बेहद सावधानी से खुद किनारे पर खड़े होकर ढेरों लोगों से जुड़े हुए हैं। यह जुड़ाव इस तरह का है, जिसे हम कह सकते हैं कि न ज्यादा दूर, न पास। न ज्यादा, न कम। बिल्कुल ठीक। इस संबंध और संपर्क को जब चाहो, तब संपादित कर लो, यानी काट-छाँट कर लो और जब चाहो, तब डिलीट यानी खत्म। मानव संबंध बहुत समृद्ध हैं। वे अस्त-व्यस्त और कभी तृप्त न होनेवाले होते हैं। हमने तकनीक के जरिए उन्हें साफ करना सीखा है। संवाद से संपर्क की ओर शिफ्ट होने की यह प्रक्रिया इसी का हिस्सा है। लेकिन इस प्रक्रिया में हम काफी बदल गए हैं। इसका सबसे बुरा पहलू यह है कि हमने अब एक-दूसरे की कद्र करना छोड़ दिया है। हम भूल गए हैं कि आपस में मतभेद होना आम बात है। संवाद जब आमने-सामने होता है तो यह हमें धैर्य रखना सिखाता है। लेकिन जब हम डिजिटल डिवाइस के जरिए बातचीत करते हैं तो कुछ दूसरी आदतें हममें पड़ जाती हैं। उदाहरण के लिए हम हर किसी से बहुत जल्दी जवाब की अपेक्षा करने लगते हैं। इसे हासिल करने के लिए जल्दी-जल्दी और आसान से सवाल पूछते जाते हैं। कभी-कभी तो हम बीच में किसी अहम मसले पर बातचीत को अचानक रोक देते हैं। क्या यह अच्छा कहा जा सकता है?

फंडा यह है कि संपर्क और संवाद के बीच हमें ध्यान रखना चाहिए कि संपर्क कभी संवाद से आगे न निकल पाए, क्योंकि संवाद अधिक मानवीय और भावनाओं से भरा हुआ है।

□

साहस से कभी-कभी मौत भी हार जाती है

मार्फिन सिंड्रोम एक ऐसी आनुवंशिक बीमारी है, जिससे पीड़ित लोग लंबे-दुबले होते हैं। उनके हाथ-पैर असामान्य रूप से लंबे होते हैं। ज्यादातर लोगों के दिल, फेफड़ों, आँखों, रीढ़ की हड्डी आदि में कई तरह की परेशानियाँ आ जाती हैं। बुधवार को इसी बीमारी से पीड़ित एक लड़की के बारे में मीडिया में खबर छपी कि किस तरह उसने इससे संघर्ष किया। लड़की का नाम रश्मिता गुहा है। वह पश्चिम बंगाल में कोलकाता के नजदीक बेलूर की रहनेवाली है। वह जब 14 साल की थी, तब इस बीमारी ने उसके दिल, फेंफड़े, आँख के रेटिना और रीढ़ की हड्डी पर प्रभाव डाला। उसकी बाईं आँख की रोशनी चली गई। दिल में एक अजीब सा उभार आ गया। रीढ़ की हड्डी टेढ़ी हो गई। इससे उसका शरीर मुड़ गया। डॉक्टरों को लगा कि अब शायद वह नहीं बचेगी। आशंका बेवजह नहीं थी। यह बीमारी पीड़ितों की उम्र एक-तिहाई तक कम कर देती है।

जो लक्षण दिख रहे थे, वे डॉक्टरों के लिए निराशाजनक थे। लेकिन रश्मिता की दृढ इच्छाशक्ति ने डॉक्टरों को भी प्रोत्साहित किया कि वे ऑपरेशन कर सकें। उन्होंने रश्मिता को बता दिया था कि नतीजे ज्यादा गंभीर हो सकते हैं। लेकिन वह बच्ची आगे बढ़ने का फैसला कर चुकी थी। वह बीमारी से कम, उसकी वजह से मिल रहे तानों से ज्यादा परेशान थी। इसकी वजह से कभी-कभी उसे अपने आप पर ही शर्म आने लगती थी। स्कूल में कई बार तो उसके साथ पढ़नेवाले बच्चे उसे कक्षा में गिनते ही नहीं थे। वे कहते थे कि जो अपने पैरों पर ठीक से खड़ा भी नहीं हो सकता, उसे क्या गिनना? खैर, दो साल पहले दुर्गापुर के मिशन अस्पताल में उसके दिल का पहला ऑपरेशन हुआ, जो सफल रहा। लेकिन रीढ़ की हड्डी में टेढ़ापन अब भी बना हुआ था।

बेहद तकलीफदेह हालात के बावजूद उसने 10वीं कक्षा की परीक्षा में बैठने के

लिए रीढ़ की हड्डी का ऑपरेशन कुछ-कुछ दूसरे दिनों के लिए टालना जरूरी समझा। परीक्षा दी और अच्छे नंबरों से पास हुई। इस साल जुलाई में दुर्गापुर के ही मिशन अस्पताल में उसका दूसरा ऑपरेशन हुआ, रीढ़ की हड्डी को सीधा करने के लिए। डॉक्टरों की टीम को पूरे 14 घंटे लगे इस काम में। उसकी रीढ़ में दो रॉड डाली गईं और 23 पेंच कसे गए, तब कहीं जाकर वह सीधी हुई। यह बहुत मुश्किल था, क्योंकि रश्मिता की रीढ़ की हड्डी तीन जगह से तिरछी थी। उसके दिल में नकली वॉल्व डले हुए थे, इसलिए उसे खून पतला करने की दवाइयाँ दी जा रही थीं। उसके फेफड़ों की क्षमता 50 फीसदी कम थी। ऐसे में ऑपरेशन के लिए उसको अचेत करना (एने-स्थीसिया देना) जोखिम भरा था। जरा सी गलती से उसे लकवा मार सकता था। लेकिन आखिरकार उस बच्ची ने पार पा ही लिया। ऑपरेशन के चार हफ्ते के भीतर रश्मिता ने चलना शुरू कर दिया। उसमें इतनी तेजी से सुधार देखकर मेडिकल स्टाफ भी भौंचक था।

उसके साहस से अस्पताल इस कदर प्रभावित था कि उसने उससे इंप्लांट के अलावा अन्य किसी भी चीज का कोई पैसा नहीं लिया। ऑपरेशन से पहले रश्मिता ने अस्पताल की ओर से दिए गए कागजात पर खुद तो दस्तखत किए ही, अपने माता-पिता को भी ऐसा करने के लिए मजबूर किया, क्योंकि वह जीना चाहती थी। अपनी कक्षा के हर छात्र को बता देना चाहती थी कि वे गलत हैं, जो उससे हमेशा कहते थे कि वह अपने दोनों पैरों पर कभी खड़ी नहीं हो सकती। आज वह अपने पैरों पर सीधी रीढ़ के साथ खड़ी होती है। मिलने के लिए आए हर पत्रकार से मुसकराकर मिलती है। उनसे हाथ मिलाती है। अखबारों ने उसकी कहानी को पहले पेज पर छापा। उसने मीडिया से कहा है, 'मुझे जिंदगी से प्यार है। मैं जिंदगी की हर चीज से प्यार करती हूँ।'

फंडा यह है कि अगर दृढ इच्छा-शक्ति है तो आप हर हालात का सामना कर सकते हैं। यहाँ तक कि मौत के मुँह से भी वापस आ सकते हैं।

□

असफल लोगों पर बिजनेस भी एक नई चीज है

कनाडा में टोरंटो के शेरीडॉन कॉलेज से 24 साल की भारतीय लड़की सम्मन चौधरी पोस्ट ग्रेजुएशन कर रही है। वह हर लिहाज से 'ए' ग्रेड स्टूडेंट है। इसके बावजूद केजी से ही अपनी किताबी पढ़ाई से संतुष्ट नहीं है। इस वजह से वह अकसर खुद को चौराहे पर पाती है। उसे अपने आदर्शों और मूल्यों के बारे में पक्का कुछ पता नहीं होता। यहाँ तक कि वह अपनी पहचान को लेकर भी भ्रम में है। एक दिन वह सामान्य चैकअप के लिए डेंटिस्ट के पास बैठी थी। अपने ट्विटर अकाउंट पर नजर दौड़ाए जा रही थी।

अचानक उसे एक इंस्टीट्यूट के बारे में जानकारी मिली। यह नॉन प्रॉफिट इंस्टीट्यूशन दो साल के प्रशिक्षण कार्यक्रम का प्रस्ताव कर रहा था। इसमें यह बताया जाना था कि विभिन्न किस्म के कौशल सीखते हुए वास्तविक दुनिया के अनुभव कैसे हासिल करें! सम्मन ने इसके लिए आवेदन कर दिया। अगले तीन महीने तक सख्त प्रवेश प्रक्रिया चली। अंत में संस्थान के न्यूयॉर्क ऑफिस में इंटर्न के तौर पर उसका चयन हो गया। 'करके सीखो' वाली फिलॉसफी के आधार पर प्रशिक्षण हो रहा था। हर सप्ताह 40 घंटे तक काम, ताकि वह बेशकीमती वर्क फोर्स में शामिल हो सके। पहले साल उसे बिजनेस के बारे में उच्च स्तर पर प्रशिक्षण दिया गया। मार्केटिंग, बिजनेस डेवलपमेंट, संचालन, मानव संसाधन, बिजनेस एडमिनिस्ट्रेशन आदि की जानकारी दी गई।

यह बताया गया कि किस तरह बिजनेस के लिए कैसी तकनीक की जरूरत होती है। व्यवस्था का ढाँचा किस तरह का हो। गुणवत्ता कैसे सुनिश्चित करें आदि। दूसरे साल भविष्य के नियोक्ता के तौर पर सभी स्टूडेंट क्षेत्र विशेष में कौशल को

निखारने, सामर्थ्य बढ़ाने और नेटवर्क को मजबूत करने के तौर-तरीके सीख रहे थे। लेकिन क्या उद्यमिता सिखाई या पढ़ाई जा सकती है? जिस संस्थान का यहाँ जिक्र किया गया है, वह तो कम-से-कम मानता है कि 'हाँ'। बिल्कुल नई सोच है इसकी। दो साल के प्रशिक्षण के साथ 'कॉलेज ड्रॉपआउट' को रोजगार और व्यवसाय के मौके उपलब्ध करा रहा है।

यहाँ से प्रशिक्षण लेने के बाद प्रशिक्षु अपना एक डिजिटल पोर्टफोलियो बनाते हैं। इसमें वे खास तौर पर उन चीजों को हाईलाइट करते हैं, जो उन्होंने प्रशिक्षण कार्यक्रम के दौरान की हैं। अपने कौशल विशेष के प्रदर्शन पर भी फोकस करते हैं। इस पोर्टफोलियो में संबंधित प्रशिक्षु की सिफारिशें भी होती हैं। उनके साथियों और संस्थान के प्रशासन के कमेंट भी इसमें शामिल किए जाते हैं। भारत में उदयपुर की 'स्वराज यूनिवर्सिटी' भी काफी हद तक इसी तरह का काम कर रही है। 'हार्वर्ड यूनिवर्सिटी' से पोस्ट ग्रेजुएट मनीष जैन इसके मुखिया हैं। वे यूनेस्को के लिए भी काम करते हैं। यहाँ भी दो साल का लर्निंग प्रोग्राम चलाया जाता है।

बिजनेस कौशल के साथ सामाजिक न्याय व सतत पारिस्थितिकीय विकास (इकोलॉजिकल सस्टेनेबिलिटी) के विषय भी प्रशिक्षण में शामिल हैं। यहाँ तक कि सीखने के तौर-तरीके भी यहाँ खुद डिजाइन किए जाते हैं। इससे प्रशिक्षु अपने दिल में दबे सपनों को बाहर निकालते हैं। फिर उनके मुताबिक अपने कौशल को निखारने में मेहनत करते हैं। उदयपुर की 'स्वराज यूनिवर्सिटी' और अमेरिका के इस इंस्टीट्यूट में कई समानताएँ हैं। दोनों ही संस्थाएँ महज तीन साल पुरानी हैं। इनके पहले बैच निकल चुके हैं और वहाँ से सीखे हुए छात्र 'ट्रेड टॉक' जैसे ग्लोबल मीडिया पर लगातार लैक्चर दे रहे हैं। ये दोनों ही संस्थान इस बात की मिसाल हैं कि असफल लोगों की मदद करके भी काफी कुछ किया जा सकता है। वे 'कॉलेज ड्रॉप आउट' और जीवन में विफल हो चुके लोगों को चुनते हैं और उन्हें उस क्षेत्र में सफलता की राह दिखाते हैं, जो उनके दिल के करीब है।

फंडा यह है कि भविष्य में असफल लोगों को सफल बनाने का बिजनेस अच्छा अवसर हो सकता है। हालाँकि युवा आबादी के लिए सफलता की ऐसी सर्वमान्य परिभाषा ढूँढ़ना, जो उनमें रचनात्मकता लाए, उनमें विश्वास पैदा करे, जरा मुश्किल काम है।

□

उद्योग-व्यवसाय शुरू करने के लिए उम्र का कोई बंधन नहीं होता

आजकल कॉलेज जानेवाला हर दूसरा स्टूडेंट हाथ में रिस्टबैंड पहने नजर आ जाता है। किसी पर तो पहननेवाले का नाम भी लिखा होता है। कुछ रिस्टबैंड ब्रांडेड तो कोई बिना ब्रांडवाले। कोई रंगीन प्लास्टिक या सिलिकॉन का बना तो कोई धातु का। बहुत से युवाओं के लिए यह एटीट्यूड को प्रदर्शित करने का एक तरीका है, तो कुछ के लिए यह जताने का कि वे युवा और महत्त्वाकांक्षी हैं। हममें से कितने लोग हैं, जो इस चलन से पैसे कमाने की सोच सकते हैं? निश्चित तौर पर रिस्टबैंड कोई स्थापित फैशन नहीं है।

लेकिन 19 साल के स्टूडेंट एंटो फिलिप ने इसमें भी पैसे कमाने का तरीका ढूँढ़ निकाला। फिलिप बेंगलुरु के क्राइस्ट कॉलेज से बी.कॉम. की पढ़ाई कर रहा है। उसने 'द बिग बैंड थ्योरी' नाम से नई कंपनी शुरू की है, जो कस्टमाइज्ड रिस्टबैंड के मामले डील करती है। फिलिप को यह कंपनी शुरू करने की प्रेरणा एक पुस्तक से मिली। इसका शीर्षक है, 'हाउ आई ब्रेव्ड अनु आंटी'। पुस्तक की कहानी बताती है कि इसकी मुख्य किरदार अनु का बेंगलुरु के ही एक छात्र वरुण ने किस तरह सामना किया। वरुण अग्रवाल ने मिलकर 'अल्मा मैटर' नामक एक कंपनी शुरू की है। यह स्कूल और कॉलेज के बच्चों के कपड़ों और अन्य एसेसरीज का काम करती है। अनु हर किसी की समस्या में अपनी नाक घुसेड़ देती है। जहाँ समस्या न हो, वहाँ भी वह उसे सूँघ लेती है। वरुण बहुत महत्त्वाकांक्षी नहीं है। इसलिए अनु उसे हमेशा उसके इस व्यवहार के लिए कोसती रहती है।

वरुण और उसके दोस्त जो भी काम करना चाहते हैं, अनु उसे खारिज कर देती

है। उसे उलट देती है। इस पुस्तक की सबसे बड़ी खासियत यह है कि यह पढ़नेवाले को बताती है कि वह कुछ भी कर सकता है। पुस्तक से प्रेरणा लेकर फिलिप ने इस साल की शुरुआत में ही 'टीबीबीटी' शुरू की। इतने कम समय में ही उसने कंपनी को मिले सात ऑर्डर पूरे कर दिए हैं। हर ऑर्डर 300 से 500 रिस्टबैंड का था। फिलिप को जब यह आइडिया आया तो उसने अपने दोस्तों से इसकी चर्चा की। कुछ बड़ी उम्र के लड़कों से भी जिक्र किया।

कॉलेज के संरक्षकों में से एक रोश जॉय को यह आइडिया पसंद आया। उन्होंने कंपनी में निवेश करने का फैसला कर लिया। इस तरह फिलिप इस व्यवसाय में कूद पड़ा। फिलिप के माता-पिता शुरू में कुछ हिचकिचाए, लेकिन बाद में वे भी सहमत हो गए। फिलिप के मुताबिक, कंपनी का नाम 'टीबीबीटी' इसलिए रखा गया, क्योंकि इसका मतलब होता है 'संपर्क और संबंध'। वैश्विक परिप्रेक्ष्य में इसका अर्थ है, 'जो चीज संबंधों को बनाए।' फिलिप ने जो शुरुआती रिस्टबैंड बनाए, उन पर लिखा हुआ था 'मैन यू।' फुटबॉल क्लब मैनचेस्टर यूनाइटेड से यह प्रेरित था। फिलिप ने अपनी कंपनी के नए रिस्टबैंड कुछ दोस्तों को दिए।

उन्हें बेहद पसंद आए। दोस्तों के जिन अन्य दोस्तों ने इन रिस्टबैंड को देखा, उन्हें भी अच्छे लगे और इस तरह फिलिप को पहला ऑर्डर मिला। फिलिप ने जब पहला ऑर्डर पूरा किया तो उसके कई डीलरों ने सुझाव दिया कि वह उत्पाद को चीन या थाईलैंड से आयात कर ले। वे भी इन्हें भारत में नहीं बनवाते थे, लेकिन फिलिप को यह ठीक नहीं लगा। उसने बेंगलुरु में कुछ फैक्टरियों से संपर्क किया, जो रिस्टबैंड को मोल्ड कर सकें। काफी मशक्कत के बाद उसे आखिरकार पीन्या इंडस्ट्रियल एरिया में एक फैक्टरी मिल गई। इसी बीच 'टीबीबीटी' को बड़ा ऑर्डर मिला। 'मिशनरी मूवमेंट जीसस यूथ' एक कार्यक्रम कर रहा था।

उसके लिए संगठन को इस तरह के रिस्टबैंड की जरूरत थी। ऑर्डर पूरा होते ही फिलिप की कंपनी के रिस्टबैंड हाथोहाथ बिके। इसके बाद उसने पीछे मुड़कर नहीं देखा। बिक्री बढ़ाने में कम कीमत का भी काफी योगदान रहा। बिना किसी विशेष लिखावटवाले स्टैंडर्ड रिस्टबैंड की कीमत 30 रुपए है, अगर इन पर कुछ खास लिखवाना है तो कीमत बढ़ जाती है। हालाँकि तब भी बाजार में मिल रहे दूसरे रिस्टबैंड की तुलना में यह कम ही रहती है। अगर ऑर्डर थोक में हो तो और भी कम। फिलिप की कंपनी शुद्ध सिलिकॉन से रिस्टबैंड बनाती है। इस दावे के साथ कि इनसे स्वास्थ्य को कोई नुकसान नहीं होता।

फंडा यह है कि उद्योग या व्यवसाय के लिए उम्र का कोई बंधन नहीं होता। खास तौर पर तब जबकि आप आधुनिक और तेजी से बदलते चलन पर नजर रखते हों। जरूरत सिर्फ इस बात की है कि बाजार में चल रही लहर को भाँपकर जल्दी से उसमें कूद जाएँ।

□

सफलता की पहली सीढ़ी है कि कुछ नया करें

पहली कहानी—'भरो और भूल जाओ' कुछ समय पहले जब पेट्रोल की कीमतें लगातार बढ़ रही थीं, तब हीरो होंडा ने अपने एक विज्ञापन अभियान में यह नारा दिया था। ईंधन की कीमतों का मसला आज भी लोगों के पीछे लगा हुआ है। ऐसे में मुंबई के 'केजी सोमैया कॉलेज' के छात्रों ने एक कार बनाई है। दावा है कि यह एक लीटर में 300 किलोमीटर चलती है। जुलाई में क्वालालंपुर में होनेवाली 'शेल इको मैराथन रेस' में इस कार का प्रोटोटाइप (नमूना) हिस्सा लेगा। कार का नाम है 'जुगाड़'। सिर्फ 60 किलोग्राम वजनी, तीन पहिए की यह गाड़ी फाइबर ग्लास से बनाई गई है। इसमें 65 से 70 किलोग्राम के वजन का एक व्यक्ति बैठ सकता है। छात्रों ने लगातार 20 दिन इसका परीक्षण किया। रोज 250 मिलीलीटर तेल इसमें डलवाया और 10 किलोमीटर चलाया। मैराथन रेस के नियम के मुताबिक भी हर भागीदार को 250 मिलीलीटर तेल ही दिया जाएगा। उन्हें अपनी गाड़ी से करीब 11.2 किलोमीटर की दूरी तय करनी होगी। जो गाड़ी सबसे ज्यादा दूर तक चलेगी, वह विजेता होगी। छात्रों को इस गाड़ी का डिजाइन बनाने में चार महीने लगे। यामाहा और ओम फ्रेट की ओर से उनकी रिसर्च के लिए 1.5 लाख रुपए दिए गए। माता-पिता ने भी मदद की। कुल मिलाकर चार लाख रुपए की लागत आई। आठों छात्रों को यकीन है कि क्वालालंपुर की रेस में वे ही जीतेंगे। इसी सप्ताह वे वहाँ के लिए रवाना होनेवाले हैं। गाड़ी का माइलेज थोड़ा और बढ़ाने के लिए वे इसमें हाइड्रोलिक ब्रेक लगानेवाले हैं। ये मलेशिया में ही खरीदकर फिट किए जाएँगे। रेस में दुनिया भर के इसी तरह के 150 मॉडल हिस्सा लेंगे। छात्रों का दावा है कि भारतीय सड़कों के मुताबिक पूरी तरह से उनकी कार के तैयार होने के बाद वह 70-80 किलोमीटर प्रति लीटर का माइलेज तो देगी ही।

फिलहाल भारत में फोर्ड फिगो 35 और होंडा अमेज 26 किलोमीटर प्रतिलीटर के माइलेज का दावा कर रही हैं।

दूसरी कहानी—फिल्म '3 इडियट' की कहानी याद कीजिए। कॉलेज के प्रिंसिपल ने एक छात्र का एयरो मॉडल प्रोटोटाइप (हेलीकॉप्टर जैसा) नामंजूर कर दिया था। तब उसने आत्महत्या कर ली थी। वह मॉडल ऊपर पहुँचकर तसवीरें भी ले सकता था। कर्नाटक में मेंगलोर के मूडाबीदरी के 'एसएनएम पॉलीटेक्निक कॉलेज' के सात छात्रों ने फिल्म के उसी एयरो मॉडल से प्रेरणा लेकर एक मानव रहित विमान बनाया है। सभी छात्र मेकैनिकल इंजीनियरिंग के डिप्लोमा कोर्स में प्रथम वर्ष की पढ़ाई कर रहे हैं। उन्हें इस मानव रहित विमान की योजना बनाने और इसके लिए फंड जुटाने में करीब एक साल लगा। पुस्तकों और मैनुअल्स की मदद से पूरी डिजाइन उन्होंने खुद तैयार किया। कोई भी रेडीमेड किट इस्तेमाल नहीं की। उनका यह मानव रहित विमान खास तौर पर बाढ़ जैसी प्राकृतिक आपदाओं के समय आसमान से फोटोग्राफी और वीडियोग्राफी के लिए है। इस विमान के धड़ का अंदरूनी ढाँचा और पंखे प्लाइवुड से बनाए गए हैं। फ्रेम को कवर करने के लिए तीन एमएम और पाँच एमएम की बालसा शीट का इस्तेमाल किया गया है। इसमें 10 सीसी का इंजन है। इसकी रेंज 2,000 से 15,000 आरपीएम (रिवॉल्यूशन प्रति मिनट) है। इंजन स्टॉर्ट करने के लिए 'ग्लो बूस्टर' लगाया गया है। विमान को हवा और जमीन पर नियंत्रित करने के लिए रिमोट कंट्रोल है। यह विमान 100 मीटर की ऊँचाई पर करीब आधा घंटा उड़ जाता है। कर्नाटक में दो जून को मानसून आ जाता है। बाढ़ जैसी स्थितियाँ भी बन सकती हैं। ऐसे में राज्य सरकार इस मानवरहित विमान को हालात का जायजा लेने के लिए इस्तेमाल करने की सोच रही है।

फंडा यह है कि अगर आप चाहते हैं कि आपको सरकारें या कॉरपोरेट जगत् के लोग नोटिस करें तो कुछ नया करना होगा। उनकी समस्याओं को हल करने के लिए अपने स्तर पर प्रयास करने होंगे। इससे आपको ख्याति और सफलता दोनों मिलेंगी।

□

कुछ नया करना चाहते हैं तो अपने गुस्से को सही दिशा दीजिए

पहली कहानी—बीएन फणीधर की उम्र 21 साल थी, जब उसे एक व्यक्ति ने धमकी भरा पत्र भेजा। इसमें कहा गया था कि वह अमुक लड़की से दूर रहे, नहीं तो नतीजे भुगतने होंगे। जिस लड़की का पत्र में जिक्र किया गया था, उसे फणीधर जानता तक नहीं था। फिर भी वह पत्र को देखकर काफी परेशान हो गया। वह इसको लेकर हैंडराइटिंग के एक्सपर्ट के पास गया, ताकि उसे भेजनेवाले की पहचान की जा सके। लेकिन बेंगलुरु में उसकी कोई मदद नहीं कर पाया। पत्र भेजनेवाले की पहचान न कर पाने की वजह से फणीधर की परेशानी बढ़ती जा रही थी। उसे गुस्सा भी आ रहा था।

ऐसे में उसने खुद ही फॉरेंसिक की पढ़ाई करने का निश्चय किया। एक स्थानीय विशेषज्ञ से प्रशिक्षण लिया। फिर दिल्ली जाकर प्रतिष्ठित फॉरेंसिक विशेषज्ञ वीसी मिश्रा से विषय के बारे में जाना और समझा। दो साल तक उनके साथ काम भी किया। आज फणीधर दस्तावेजों के परीक्षण के मामले में विशेषज्ञ हो चुका है। उसकी उम्र अब 26 साल है। मिसाल के तौर पर अगर कभी आत्महत्या के किसी केस की जाँच के लिए उसे मौका-ए-वारदात पर जाना पड़ता है तो सुसाइड नोट देखकर ही काफी कुछ पड़ताल कर लेता है। घटना के बैकग्राउंड के बारे में उसे जानने की ज्यादा जरूरत नहीं पड़ती।

फॉरेंसिक विज्ञान की प्रतिष्ठित संस्था है, 'इंटरनेशनल एसोसिएशन फॉर आइडेंटिफिकेशन'। इस संस्था में सदस्य बननेवाला वह पाँचवाँ भारतीय है। वह बेंगलुरु के जैन कॉलेज में एम.एस-सी. फॉरेंसिक साइंस में गेस्ट प्रोफेसर के तौर पर पढ़ाता भी है। स्वतंत्र जाँचकर्ता के तौर पर काम करता है। फर्जी रबर स्टांप हो या दस्तखत, कुछ

भी फणीधर की पैनी निगाहों से बच नहीं पाता। देश में लगातार दस्तावेज के फर्जीवाड़े की घटनाएँ बढ़ रही हैं, क्योंकि नियमों के मुताबिक कोई सब रजिस्ट्रार भी किसी कागज की प्रामाणिकता पर सवाल नहीं कर सकता। इसीलिए फणीधर इनकी सच्चाई और प्रामाणिकता की पुष्टि के लिए 'इंडियन इंस्टीट्यूट ऑफ साइंस लैब' की मदद लेता है।

दूसरी कहानी—'अपनी बाइक में कितना पेट्रोल डलवाते हो? शहर में इधर-उधर घूमना बंद करो। पढ़ाई पर ध्यान दो। तुम्हारी बाइक कम पेट्रोल पीएगी।' जिन घरों में बाइक और नई उम्र के लड़के हैं, वहाँ इस तरह के जुमले आम तौर पर सुनने को मिल जाते हैं। सौरभ अग्रवाल, अंशुल गुप्ता, गोकुल, गिरीश कुमार के साथ भी यही स्थिति है। सभी बेंगलुरु में मेकैनिकल इंजीनियरिंग की पढ़ाई कर रहे हैं। सबकी एक ही तकलीफ थी, 'हवा में तो बाइक चलती नहीं है! हम अपने माता-पिता को कैसे यह बात समझाएँ?' लेकिन इसी तकलीफ से उन्हें एक आइडिया मिल गया कि आखिर हम हवा से चलनेवाली बाइक क्यों नहीं बना सकते? इन बच्चों का आविष्कार पिछले हफ्ते बेंगलुरु के 'एमएस रमैया इंस्टीट्यूट ऑफ टेक्नोलॉजी' (एमएसआरआईटी) के 'यंत्रोत्सव' में प्रदर्शित किया गया। इन्होंने ऐसी बाइक बनाई है, जो हवा से चलती है।

इसके टैंक में 160 पाउंड तक हवा भरी जा सकती है और इतने में तीन सप्ताह तक इस पर घूमा जा सकता है। वह भी 35 किलोमीटर प्रतिघंटा की रफ्तार से। इस बाइक को बनाने में महज 40 हजार रुपए का खर्च आया है। इसे बनानेवालों का दावा है कि उन्होंने पारंपरिक इंजन को ही एयरपावर इंजन में तब्दील किया है। बाइक के टैंक में हवा भरने के लिए उसी कंप्रेशर का इस्तेमाल किया जाता है, जिससे टायरों में हवा भरी जाती है। बच्चों का यह आइडिया आगे जाकर व्यावसायिक रूप लेता है या नहीं, यह देखना होगा। लेकिन अभी तो घर का बजट बिगाड़े बिना आराम से ये बाइक चला रहे हैं।

फंडा यह है कि अगर अपने गुस्से को, असंतोष को, सही दिशा दे दी जाए, उसे रचनात्मक काम में लगा दिया जाए तो यह बेहद फायदेमंद हो सकता है।

□

साधारण से काम भी दुनिया का ध्यान खींच सकते हैं

कुशल सुवर्णा, नंबिराजन कोनार और ध्यानेश्वरी मनोज कुमार मुंबई में चौंबूर के मॉडर्न इंग्लिश हाईस्कूल में दसवीं कक्षा में पढ़ते हैं। जबकि मोहम्मद शाहबाज मूसा और अभिनय बगारिया कर्नाटक से हैं। वे मणिपाल इंस्टीट्यूट ऑफ टेक्नोलॉजी में कंप्यूटर साइंस से फाइनल इयर की पढ़ाई कर रहे हैं। इन बच्चों का आपस में कोई ताल्लुक नहीं है। लेकिन इनको एक-दूसरे के बारे में पिछले दिनों मीडिया में आई खबरों के जरिए जानकारी मिली। इन सभी ने जिंदगी की मूलभूत जरूरतों से जुड़े कुछ ऐसे आविष्कार किए थे, जिन्हें अंतरराष्ट्रीय संस्थाओं से मान्यता मिली। साथ में पुरस्कार भी। आजकल फलों और सब्जियों को जिस तरह रसायनों की मदद से हफ्तों-महीनों तक संरक्षित रखा जाता है, उससे हम सभी परिचित हैं। हम यह भी जानते हैं कि ऐसे फलों और सब्जियों के इस्तेमाल से हमारे स्वास्थ्य पर विपरीत असर पड़ रहा है। हम हालात को कोसते रहते हैं और इनका इस्तेमाल भी करते हैं, क्योंकि हमारे पास कोई और विकल्प नहीं है। सुवर्णा और कोनार ने हमारे लिए विकल्प तैयार किया है। फल-सब्जियों को जैविक तौर पर संरक्षित रखने का तरीका ईजाद किया है। आम तौर पर फल-सब्जियों के ऊपर उन्हें लंबे समय तक संरक्षित रखने के लिए पैराफिन वैक्स नामक रसायन का लेप लगाया जाता है। लेकिन यह मानव शरीर के लिए काफी नुकसानदायक है। इन दोनों बच्चों ने 'सागा ट्री' (रेड संदलवुड ट्री) के बीजों से तेल निकालने के लिए एसीटोन (शुक्ता) का इस्तेमाल किया। इस तेल का अगर फलों-सब्जियों पर लेप किया जाए तो वे 60 दिन तक सुरक्षित रखी जा सकती हैं। इससे मानव शरीर को किसी तरह का नुकसान भी नहीं होता। 'सागा ट्री' भारत में बहुतायत

में मिलता है, इसलिए इसके बीज से तेल निकालने में लागत भी अधिक नहीं आती।

ध्यानेश्वरी ने केले के छिलकों से एक पतली शीट तैयार की है। दवा कंपनियाँ टेबलेट्स की कोटिंग के लिए प्लास्टिक की जगह पर इसका इस्तेमाल कर सकती हैं। इस शीट को बनाने के लिए उसने केले के छिलके के भीतर की तरफ पाई जानेवाली पतली परत का इस्तेमाल किया है। इससे प्लास्टिक की तरह नरम-मुलायम शीट बनाई है, जो जैविक तौर पर पर्यावरण को नुकसान पहुँचाए बिना नष्ट भी की जा सकती है। नींद किसे अच्छी नहीं लगती! मूसा और बगारिया को भी सुबह उठने में काफी तकलीफ होती थी। लेकिन उठना जरूरी था। सो इन दोनों ने एक एप्लीकेशन तैयार की, अलार्म की तरह काम करनेवाली। इसे मोबाइल पर डाउनलोड किया जा सकता है। इसकी खासियत यह है कि इसकी घंटी तभी बंद होती है, जब आप बिस्तर से उठकर दो-चार कदम चल लेते हैं। चैतन्य हो जाते हैं। इस एप का नाम है, 'वेक मी अप।' दुनिया की पंद्रह भाषाओं में यह इंटरनेट पर मुफ्त उपलब्ध है। फरवरी 2013 में यह लॉञ्च हुई। अब तक एक लाख से अधिक लोग इसे डाउनलोड कर चुके हैं। इस एप्लीकेशन को 'डब्लूडब्लूडब्लू डॉट टीआईएनवाईयूआरएल डॉट कॉम वेक मी अप' से डाउनलोड किया जा सकता है। 20 फरवरी से यह गूगल प्ले स्टोर पर भी उपलब्ध है। इसका जिक्र लाइफहैकर, घैक्स, नेक्स्टबिगव्हाट और एंड्रायडपोलिस जैसे ब्लॉग पर भी हो रहा है। सौरभ बैद जयपुर के आईटी इंजीनियर हैं। उन्होंने ऑफिस में काम आनेवाली एक एप्लीकेशन बनाई है। इसके जरिए आप अपने इ-मेल को मैनेज कर सकते हैं। बैद ने इस एप्लीकेशन को अटलांटा की एक कंपनी को 12 हजार डॉलर (करीब 6.57 लाख रुपए) में बेचा है। उद्योग संघ 'नैसकॉम' का आकलन है कि भारत में इस वक्त करीब 3,000 आईटी प्रोडक्ट और फर्म हैं। 2012-13 में यहाँ से बनी एप्लीकेशंस के निर्यात से देश में 1.6 अरब डॉलर (करीब 8,630 करोड़ रुपए) की रकम आई है।

फंडा यह है कि जीवन की मूलभूत जरूरतों से संबंधित नए-नए प्रयोग, खोज-आविष्कार पूरी दुनिया का ध्यान खींचते हैं। इनके जरिए लोकप्रियता के साथ पैसा भी मिलता है। ये चीजें कोई रॉकेट साइंस जैसी जटिल चीजें नहीं हैं। यह सिर्फ समस्या को पहचानने और उसका समाधान निकालने का एक कौशल है, जो किसी में भी हो सकता है।

□

अपने दिल की बात सुनो

आमिर खान ने जब से 'थ्री ईडियट्स' फिल्म बनाई है, तब से सैकड़ों बार यह सुझाव हर कहीं से मिल जाता है कि जो दिल कहे, वह करो। इसके बावजूद हजारों, लाखों युवाओं को ऐसे कोर्स करने के लिए मजबूर किया जाता है, जो कभी-कभार ही उनकी क्षमता के अनुरूप होते हैं। अगर आप लड़के हैं तो इंजीनियर बनने के लिए कहा जाता है, लड़की हैं तो डॉक्टर। देश के ज्यादातर परिवारों की यही कहानी है।

दबाव का आलम यह है कि आईआईटी जैसे संस्थानों में प्रवेश मिल जाने के बावजूद छात्र जानलेवा कदम उठा रहे हैं। मीडिया में इस तरह की ढेरों कहानियाँ आती हैं। यह समय युवाओं के लिए उच्च शिक्षा में उनका भविष्य और दिशा तय करने के नजरिए से फिर अहम होनेवाला है। ऐसे में हम एक कहानी उनके सामने रख रहे हैं, जो युवा छात्रों के पक्ष को मजबूत बनाती है।

अगर किसी का बेटा दुश्मन से लड़ते हुए शहीद हो जाता है तो उसके माता-पिता को देश की सेवा के रूप में कुछ सांत्वना मिल सकती है। लेकिन कोई साँप को बचाते हुए अपना बेशकीमती जीवन खत्म कर रहा हो तो निश्चित ही उसे वाहवाही नहीं मिलेगी। इसके बावजूद बेंगलुरु के एमईएस कॉलेज, मल्लेश्वरम् में पढ़नेवाले 19 साल के दो लड़कों के लिए जानवरों को बचाने और उनका संरक्षण ही सबकुछ है। संदीप जी. और अजय प्रभु पार्टटाइमर के तौर पर फॉरेस्ट सेल से जुड़े हुए हैं। पिछले एक साल में ये दोनों 200 साँप, 100 पक्षी और 20 अन्य जानवरों को बचा चुके हैं।

खतरनाक साँपों और जंगली जानवरों के बीच काम करने के बारे में कोई शायद ही सोचे। लेकिन इन दोनों के लिए यही सबकुछ है। वे न सिर्फ जानवरों की प्रजातियों को बचाते हैं, बल्कि लोगों के बीच इनके बारे में जागरूकता लाने की कोशिश भी कर रहे हैं। वे जितना इन जानवरों के बारे में पढ़ते हैं, उतनी ही उनसे जुड़ी हुई भ्रांतियाँ दूर होती जाती हैं। वे जानवरों के व्यवहार को लेकर अधिक आत्मविश्वास से भरते जाते

हैं। संदीप नेलामंगला उपनगर में रहते हैं।

उन्होंने एक बार एक पक्षी को बचाकर उसे अपने दोस्त को दे दिया था। उनका वह दोस्त तीन साल से फॉरेस्ट सेल में काम कर रहा था। उसी ने संदीप का परिचय भी उस सेल से कराया था। इसके बाद से वे लगातार अपनी पसंद के इस काम को करते जा रहे हैं और उनकी वन्य जीवन के प्रति रुचि भी बढ़ती जा रही है। करीब एक साल बाद वे अजय से मिले। अजय को सबसे पहले जानवरों को पहचानने का काम मिला। उन्हें देखने को कहा गया कि उनके सीनियर जानवरों को किस तरह से बचाते हैं।

वे सप्ताह के आखिरी दिनों में कॉलेज के बाद दोपहर में या छुट्टियों में या स्टडी लीव के दौरान जानवरों के संरक्षण का काम करते हैं। कभी-कभी आम लोग इन्हें सीधे फोन कर देते हैं, तो कभी फॉरेस्ट सेल से किसी जानवर को बचाने के लिए कॉल आ जाती है। इन्होंने अब तक दुर्लभ किस्म के साँप, चमगादड़, खरगोश, कछुए वगैरह बचाए हैं। वे यह काम मुफ्त में करते हैं। अगर जानवर स्वस्थ होते हैं तो वे उन्हें जंगल में छोड़ देते हैं। अगर उन्हें कोई परेशानी होती है तो पुनर्वास केंद्र में ले जाते हैं। अजय को तो उसके परिवार से समर्थन मिलता है, लेकिन संदीप के माता-पिता उसके इस काम पर अकसर नाराज हो जाते हैं। इसकी वजह से जब भी वह अपने काम पर जाता है तो उसे अपने माता-पिता से झूठ बोलना पड़ता है। लेकिन उसे इसका कोई अफसोस नहीं है, क्योंकि वह अपने जुनून के लिए ऐसा करता है।

इसी जुनून की वजह से वे दोनों 'सेंटर फॉर एनवायरनमेंट एजुकेशन' नामक एनजीओ से भी जुड़ गए हैं और इसी संस्था के जरिए वे अब लोगों को एक कदम आगे बढ़ते हुए शिक्षित कर रहे हैं। वे बता रहे हैं कि साँप काटने पर कैसे, क्या करना चाहिए। वे अकसर देखते हैं कि लोग साँप के काटने को लेकर या ऐसे ही किसी दूसरी चीजों के प्रति अंधविश्वास के शिकार हैं। ये दोनों उसे दूर करने की कोशिश करते हैं। मौके पर किसी भी वक्त, शहर के किसी भी कोने में पहुँच जाते हैं। उनकी यही बात उन्हें लोगों के बीच लोकप्रिय बना रही है।

फंडा यह है कि बच्चों को उनकी पसंद का काम करने से न रोकें। बच्चों की पसंद-नापसंद का ध्यान रखकर उनकी शिक्षा की योजना बनाएँ। आज की तारीख में नए प्रोफेशन ऐसे ढेरों रास्ते बना रहे हैं, जिनके बारे में माता-पिता को पता भी नहीं होता।

□

इर्द-गिर्द देखिए समस्या से ज्यादा समाधान नजर आएँगे

इस हफ्ते मंगलवार को दिल्ली के रोहिणी इलाके के डिप्टी हेल्थ ऑफिसर और एक मलेरिया इंस्पेक्टर को सस्पेंड कर दिया गया; क्योंकि उनके क्षेत्र में 11 लोगों की मौत डेंगू की वजह से हो गई थी। दिल्ली के स्वास्थ्य मंत्री ए.के. वालिया ने दिल्ली और आस-पास के तीन नगर निगमों को इस मामले में पूरी तरह असफल बताया। इस साल अब तक राष्ट्रीय राजधानी क्षेत्र में डेंगू के 1,395 मामले सामने आ चुके हैं। ऐसे हालात कुछ साल पहले अफ्रीकी शहरों में थे। हालाँकि वहाँ बीमारी दूसरी थी, लेकिन उन्होंने उस स्थिति का बहुत अच्छे ढंग से सामना किया। अफ्रीका में बड़ी संख्या में बच्चों की मौत डायरिया से हो रही थी। जरूरतमंदों तक डायरिया की दवा कैसे पहुँचे, यह एक समस्या थी।

ब्रिटिश सामाजिक उद्यमी सिमॉन बेरी ने इसका तरीका निकाला। उन्होंने सोचा कि गाँव हो या शहर, हर दुकान पर कोला ड्रिंक की बोतलें जरूर दिख जाती हैं। क्यों न उन्हीं बोतलों के जरिए डायरिया की दवा दूर-दराज के इलाकों में पहुँचा दी जाए! और हुआ भी वही। डायरिया की दवा को कोला ड्रिंक की बोतलों के साथ रखकर जरूरतमंदों तक पहुँचाया गया। इस किट को नाम दिया गया 'किट यामोयो' यानी 'जिंदगी की किट।' सिमॉन ने खुद से यही सवाल किया था कि अगर कोला की बोतलें देश के सुदूर उत्तर-पूर्व जांबिया तक पहुँच सकती हैं तो डायरिया की दवा क्यों नहीं? उन्होंने सवाल किया तो जवाब मिला। हालाँकि उन्हें अपना आइडिया अमल में लाने के लिए कई साल तक इंतजार करना पड़ा। उन्होंने सन् 1980 में इस बारे में सोचा था, लेकिन वे इसे सन् 2008 में लागू कर सके। बहुराष्ट्रीय कंपनियों को पाँच साल पहले दुनिया से गरीबी

उन्मूलन के अभियान में शामिल किया गया था। तभी सिमॉन और उनकी 56 वर्षीय पत्नी जेन को लगा कि अब यह अपने आइडिया को हकीकत में बदलने का सही वक्त है। उन्होंने सबसे पहले अपने आइडिया के लिए समर्थन जुटाने के मकसद से फेसबुक पर अभियान चलाया। उन्होंने 'किट यामोयो' का आइडिया सामने रखा। यह किट प्लास्टिक की थैली या पाउचनुमा थी। इसमें डायरिया की दवा भरी थी। जेन ने इसे इस तरह डिजाइन किया था कि उस पाउच या थैली को कोला बोतलों के बीच के खाँचे में आसानी से फँसाया जा सके। इससे बोतलों के बीच की जगह का बेहतर इस्तेमाल हो गया और दवा भी आसानी से दूर-दराज के इलाकों में पहुँचा दी गई। स्थानीय थोक दुकानदारों की भी इससे कमाई बढ़ गई।

लोगों को भी यह आइडिया पसंद आया। बीबीसी ने भी प्रमोशन किया। तब कहीं जाकर 'कोका-कोला' कंपनी इस काम में सहयोग देने के लिए राजी हुई। फिर यह राष्ट्रीय अभियान चलाया जा सका। जांबिया में डायरिया की वजह से हर रोज 40 बच्चों की मौत हो रही है। बच्चों की मौत की यह तीसरी सबसे बड़ी वजह है। तिस पर समस्या यह कि स्वास्थ्य सुविधाएँ भी ठीक तरह से मुहैया नहीं। देश में छोटे-छोटे क्लीनिक हैं, जिनमें एकाध क्लीनिकल ऑफिसर ही होता है। उस पर एक-दो नहीं, बल्कि 10,000 तक गाँवों की जिम्मेदारी होती है। और क्लीनिक ऐसे कि जो एक कमरे में चल रहे हैं। जिसमें न तो पानी का कनेक्शन है, न संचार की सुविधा। सिर्फ क्लीनिकल ऑफिसर का मोबाइल ही एक मात्र सहारा है। दवाएँ भी सही समय पर नहीं मिल पातीं। इन हालात में जांबिया जैसे देशों की महिलाओं के सामने बच्चों को मौत की गोद में जाते देखने के अलावा कोई चारा नहीं था। लेकिन अब 'किट यामोयो' इन इलाकों के लिए वरदान साबित हो रही है। बदतर तसवीर बेहतर हो रही है।

फंडा यह है कि जब तक हम धरती पर हैं, समस्याएँ रहेंगी। लेकिन यह हमारी जिम्मेदारी है कि हम अपने आस-पास उनके समाधान तलाशें। जो उदाहरण मौजूद हैं, उनसे सीखें। उनमें अपनी जरूरत के हिसाब से कुछ सुधार करें और अपनी समस्याओं को हल करें।

□

ध्वस्त हो चुकी जिंदगी भी पैरों पर खड़ी हो सकती है

पुलिना गिरीथरंगा 11 साल की उम्र में अनाथ हो गया था, जब उसका गाँव सुनामी की चपेट में आया। लेकिन आज वह श्रीलंका की 'अंडर-19 क्रिकेट टीम' का हिस्सा है। कई प्रतिभाशाली तैराक और नेटबॉल प्लेयर भी आज श्रीलंका की नेशनल टीमों का हिस्सा हैं। अवंतिका यशोदा मैंडिस ने तो पाँच साल पहले तक क्रिकेट का बैट-बॉल तक नहीं पकड़ा था। लेकिन ट्रेनिंग के बाद वे 'सीनीगामा वुमंस क्रिकेट टीम' से खेलीं। आज वह श्रीलंका की वुमंस क्रिकेट टीम की ओपनर हैं। ये कुछ उदाहरण हैं। इनकी तरह हजारों खिलाड़ी ऐसे हैं, जिन्हें 'फाउंडेशन ऑफ गुडनेस' (एफओजी) से सहयोग मिला। इन लोगों की तरक्की की कहानी 26 दिसंबर, 2004 से शुरू होती है। उस वक्त सुनामी आई थी। तटीय देशों के करीब 30,000 लोग इस सुनामी रूपी काल के गाल में समा गए। श्रीलंका में भी बड़े पैमाने पर तबाही मची थी।

श्रीलंका के पूर्व क्रिकेटर और अब बिजनेसमैन कुशिल गुणसेकरा किस्मतवाले थे। वे अपने गाँव के चौथी और पाँचवीं कक्षा के करीब 30 बच्चों के साथ एक स्कूल के समारोह में गए थे। समारोह स्थल पर अपने दोस्त और क्रिकेटर मुथैया मुरलीधरन का इंतजार कर रहे थे। उस वक्त सुबह 9.45 का समय हो रहा था। मुथैया तो नहीं आए, लेकिन उन्होंने देखा कि समुद्र की लहरें रौद्र रूप धरकर बढ़ी चली आ रही हैं। कुशिल सभी बच्चों को लेकर एक ऊँचाईवाली जगह पर चढ़ गए। नीचे उनकी आँखों के सामने तबाही जारी थी। वक्त बीता। समंदर सबकुछ तहस-नहस कर शांत हो चुका था। तभी इस सबसे अनजान मुथैया वहाँ पहुँचे। लेकिन वहाँ उन्हें तबाही के अलावा कुछ नहीं मिला। हालाँकि कुशिल और उनके साथ के स्कूली बच्चे सलामत थे। मुथैया

और कुशिल ने हालात के मद्देनजर गाँव का पुनर्निर्माण कराने का निर्णय किया। ये आसान नहीं था, लेकिन उन्होंने अपने जैसे दूसरे क्रिकेटरों और अन्य सहयोगियों के साथ मिलकर एक ट्रस्ट का गठन किया। नाम रखा गया—'फाउंडेशन ऑफ गुडनेस।' इसके सदस्यों में श्रीलंकाई क्रिकेट टीम के पूर्व कप्तान कुमार संगकारा, तेज गेंदबाज चामिंडा वास, उद्यमी आशन मलासेकरा, इन्वेस्टमेंट बैंकर रोहन इरियागोले प्रमुख हैं। रोहन खुद स्कूल के दिनों में अच्छे क्रिकेटर हुआ करते थे।

अंतरराष्ट्रीय ख्याति प्राप्त गायक ब्रायन एडम्स ने भी सुनामी प्रभावितों की मदद के लिए इस ट्रस्ट को वित्तीय मदद दी। यहाँ के प्रतिभाशाली सुनामी प्रभावित बच्चों को एफओजी की ओर से ट्रेनिंग मुहैया कराई जा रही है। कुशिल और मुथैया के साथ इंग्लैंड के पूर्व कप्तान सर इयान बॉथम ने बच्चों को क्रिकेट की कोचिंग देनी शुरू की। ट्रस्ट की ओर से गोताखोरी और तैराकी प्रशिक्षण केंद्र भी शुरू किया गया। हाल में ही इस सेंटर के बच्चों को संयुक्त अरब अमीरात की फैसिलिटी मैनेजमेंट कंपनी 'एमरिल' ने अपने साथ जोड़ने की इच्छा जताई है। ट्रस्ट की ओर से इस इलाके के प्रभावित और गरीब बच्चों की शिक्षा की व्यवस्था भी की गई है। आज 'एफओजी' सीनीगामा की रीढ़ की हड्डी की तरह हो चुका है। करीब 50 गाँवों के 25,000 ग्रामीणों को इस ट्रस्ट की ओर से मुफ्त में स्किल डेवलपमेंट ट्रेनिंग दी जा चुकी है। यानी ट्रस्ट सिर्फ बच्चों को ही नहीं, बल्कि जरूरतमंद महिलाओं और पुरुषों को भी शिक्षा, कौशल प्रशिक्षण आदि मुहैया कराकर उन्हें उनके सपने पूरे करने का मौका दे रहा है। रोजगार हासिल करने के अवसर दे रहा है। इसके ट्रेनिंग सेंटरों में वेब डिजाइन, गोताखोरी, तैराकी, कंप्यूटर, इंग्लिश एजुकेशन, आध्यात्मिक विकास, सामाजिक कौशल जैसे कई विषयों से संबंधित शिक्षा और प्रशिक्षण की सुविधा उपलब्ध है।

फंडा यह है कि अगर कोई प्रतिबद्ध है तो वह पूरी तरह ध्वस्त हो चुकी जिंदगी को भी दोबारा पैरों पर खड़ा कर सकता है। किसी भी वक्त, कहीं भी। बस, परमार्थ की भावना होना जरूरी है।

□

जिंदगी में कुछ भी करें, उसमें 100 फीसदी दें

पहली कहानी—गिरिडीह, झारखंड की राजधानी राँची से करीब 180 किलोमीटर दूर एक कस्बा है। यहाँ शाम पाँच बजे के बाद सभी लोग घरों में बंद हो जाते हैं। एक कप चाय मिलना भी मुश्किल होता है। इस हफ्ते मंगलवार की बात है। नौ साल की पूजा कुमारी स्कूल जा रही थी तो रास्ते में दो लोगों ने उसे अगवा कर लिया। उसका मुँह दबाकर उसे उसके स्कूल बैग सहित एक बोरी में भर लिया। थोड़ी देर बाद बच्ची को लगा कि वह रेलवे स्टेशन पर है। जहाँ वह थी, वहाँ ट्रेन अनाउंसमेंट सुनाई दे रहा था। अपहरणकर्ता ने जैसे ही बोरी नीचे रखी, पूजा ने अपने पेंसिल बॉक्स से ब्लेड निकाल लिया। उस टाट की बोरी को काटा और मदद के लिए जोर से चिल्लाई। पास से पुलिसवाला गुजर रहा था। उसने बच्ची की आवाज सुनी और उसे अपहरण करनेवालों के चंगुल से छुड़ा लिया। करीब 45 मिनट तक पूजा उस बोरी में रही और इस दौरान यही सोचती रही कि उसे कैसे बचकर निकलना है!

दूसरी कहानी—दक्षिणी दिल्ली के रोहिणी-पीतमपुरा इलाके की एक अशिक्षित हाउसवाइफ को अपने पति पर शक था। उसका पति अकसर रात को देर से आता था। सवाल करती तो वह उसे अजीबोगरीब तर्क देता। इसी वजह से उसे लगा कि पति का दूसरी महिला के साथ संबंध है। उसने सौ फीसदी ध्यान सिर्फ उस महिला का पता करने में लगाना शुरू कर दिया, जिससे उसके पति के साथ अवैध संबंध हो सकते थे। पिछले हफ्ते जब उसका पति बिजनेस ट्रिप पर शहर से बाहर गया तो उसने एक मेकैनिक की मदद से उसकी कार में जीपीएस डिवाइस लगवा दी। इंस्ट्रूमेंट इस तरह फिट किया कि कार पाँच किलोमीटर के दायरे में रहेगी तो उसकी लोकेशन के संबंध में

महिला के मोबाइल पर एसएमएस आता रहेगा। पति के बिजनेस ट्रिप से लौटने के बाद तीसरे दिन उस महिला के मोबाइल पर शाम 7.30 बजे एसएमएस आया कि कार पाँच किलोमीटर के निर्धारित दायरे से बाहर निकल रही है। महिला ने तुरंत एक ऑटो रिक्शा लिया और निकल पड़ी। एक जगह कार के पार्क होने की सूचना भी उसे एसएमएस के जरिए मिल गई। उस वक्त उसके बेटे भी साथ थे। उस महिला को जैसे ही गाड़ी की सही लोकेशन का पता चला, उसने पुलिस को बुला लिया। अपने बेटों और पुलिस के साथ उसने उस मकान में दबिश दे दी, जहाँ उसका पति मौजूद था। पति को उसने रँगे हाथ पकड़ लिया।

तीसरी कहानी—बेंगलुरु के दयानंद सागर इंजीनियरिंग कॉलेज की सातवीं मंजिल से गिरकर 13 अगस्त, 2009 को 20 साल के एक छात्र प्रतीक कुमार ठाकुर की मौत हो गई थी। सीआईडी ने जाँच के बाद इसे दुर्घटना मानते हुए केस बंद कर दिया। तभी से प्रतीक के पिता मनोज कुमार ठाकुर बेटे की मौत के मामले की सीबीआई से जाँच करवाने की माँग कर रहे हैं। मनोज राँची, झारखंड में रहते हैं और केस के सिलसिले में तीन साल में कई बार बेंगलुरु आ चुके हैं। आरटीआई के जरिए उन्होंने इस मामले से जुड़े कई दस्तावेज और आँकड़े जुटाए हैं। उन्होंने कन्नड़ भाषा भी सीख ली है। पिछले हफ्ते इस मामले की हाईकोर्ट में पेशी थी। मनोज खुद जस्टिस के.एन. केशवनारायण के कोर्ट में दलीलें दे रहे थे। उन्होंने उस वक्त कोर्ट में सबको अचरज में डाल दिया, जब कन्नड़ भाषा में दस्तावेजों को भी धाराप्रवाह पढ़ डाला। उसमें बताए गए तथ्यों को सबके सामने रखा। मनोज के वकील ने इस मामले से हाथ खींच लिये थे। तब उन्होंने खुद पैरवी करने का फैसला किया। हाईकोर्ट में अब 30 सितंबर को इस केस की अगली सुनवाई है।

फंडा यह है कि अगर आप 100 फीसदी योगदान देते हैं तो कोई भी स्थिति आपकी पहुँच से बाहर नहीं हो सकती। ऐसे में न तो आपकी शिक्षा ज्यादा मायने रखती है और न ही अनुभव।

□

चुनौती को अवसर में बदला जा सकता है

शरणजीत कौर, राजवंत कौर, गुरमीत कौर, ये सभी पंजाब के चुरियाँ गाँव की रहनेवाली हैं। ये तीनों उन 100 महिलाओं में शामिल हैं, जो बिना निवेश किए ही उज्ज्वल भविष्य की तरफ बढ़ रही हैं। इन्होंने अब तक सिर्फ अपने समय का ही निवेश किया है। कुछ महीने घर से दूर रहकर ट्रेनिंग हासिल करने में और कुछ महीने परियोजना को सफल बनाने में। हालाँकि इस काम से पैसे अभी नहीं आ रहे हैं, लेकिन वे जानती हैं कि अगले कुछ महीने में काफी आमदनी होनेवाली है। वे इसे लेकर भी खुश हैं कि उन्होंने सदियों पुरानी समस्या का हल खोज लिया है। चुरियाँ गाँव के गुरुद्वारे में अकसर काम करनेवालों का समूह इस नई परियोजना और उसके परिणामों पर चर्चा करता दिख जाता है। इन लोगों ने केरल के अलेप्पी में इस परियोजना की ट्रेनिंग ली है। लौटकर उन्होंने गाँव की दूसरी महिलाओं को भी इसके बारे में सिखाया है। उन्होंने सिर्फ समस्या का समाधान ही नहीं सीखा, बल्कि उसके व्यावसायिक उपयोग का तरीका भी जाना।

अब समस्या भी बता देते हैं। पंजाब के हरिके वाइल्डलाइफ सेंचुरी में जलकुंभी। इसे अगर नियंत्रित नहीं किया गया तो यह वहाँ मौजूद सभी तालाबों और झीलों में फैल जाएगी। पानी के स्रोतों को खासा नुकसान पहुँचाएगी। सन् 1999 में तो जलकुंभी ने झीलों-तालाबों के 90 फीसदी हिस्से को ढक लिया था। पानी में रहनेवाले जीव-जंतु मरने लगे थे। तब सेना को बुलाना पड़ा। उसने 'ऑपरेशन सहयोग' चलाकर झीलों-तालाबों को जलकुंभी से मुक्त कराया। लेकिन अब यह समस्या फिर गंभीर हो रही है। जलकुंभी पानी की सतह पर फैलकर जलस्रोत के भीतर सूरज की रोशनी नहीं जाने देती। अब तक इसे हटाने के जो भी तरीके रहे, वे ज्यादा प्रभावी नहीं थे, क्योंकि जितनी तेजी से इसे हटाया जाता, उससे दोगुनी रफ्तार से यह बढ़ जाती है। लिहाजा, वन विभाग ने पर्यटन विभाग और 'वर्ल्ड वाइड फंड फॉर नेचर' (डब्लूडब्लूएफ) के सहयोग से

स्थानीय लोगों के लिए एक परियोजना शुरू की। इसके तहत उन्हें जलकुंभी से हस्तशिल्प की चीजें बनाना सिखाया गया है। विभाग ने इस प्रोजेक्ट के तहत फिरोजपुर के सुधियाँ और चुरियाँ गाँवों में 'स्वसहायता समूह' बनाए। इन्हें प्रशिक्षण दिया। केरल राज्य ने न सिर्फ जलकुंभी की समस्या पर नियंत्रण का तरीका खोज लिया है, बल्कि उससे पैसे कमाने का रास्ता भी निकाल लिया है।

कैसे? इसका जवाब है कि जलकुंभी को पानी से निकालकर दो सप्ताह तक सुखाया जाता है। फिर सूखी जलकुंभी के बंडल बनाकर उन्हें उन महिलाओं को दिया जाता है, जिन्होंने इस प्रोजेक्ट के तहत प्रशिक्षण हासिल किया है। वे इससे अलग-अलग किस्म के उत्पाद और कलाकृतियाँ तैयार करती हैं। जलकुंभी का फाइबर पर्यावरण के लिए नुकसानदायक नहीं होता। इससे बैग, चटाई, कंटेनर, स्लीपर, पैन स्टैंड, डोरमेट, फाइल कवर, पर्स, बास्केट आदि कई तरह के आइटम्स बनाए जा सकते हैं। बनाए भी जा रहे हैं। इनकी कीमत भी अच्छी मिलती है, क्योंकि दुनिया भर में इस तरह के उत्पादों की काफी माँग है। केरल में तो जलकुंभी से उत्पाद बनाने के काम ने उद्योग का रूप ले लिया है। इन उत्पादों को बेचकर यह उद्योग अच्छी-खासी मात्रा में विदेशी मुद्रा जुटा रहा है। यही नहीं, पानी के स्रोतों को जलकुंभी से मुक्त करने में भी यह काम मददगार साबित हुआ है। पंजाब में भी अब ऐसी ही परियोजना चलाई जा रही है। इसने हरिके सेंचुरी के आस-पास 86 किलोमीटर के दायरे में बसे गाँवों के लोगों, खासकर महिलाओं के लिए उम्मीद की एक नई किरण दिखाई है।

फंडा यह है कि अगर सही तरीके से दिमाग लगाया जाए तो ज्यादातर समस्याएँ-चुनौतियाँ अवसर में बदली जा सकती हैं।

□

युवा अपनी संस्कृति को अच्छे से आगे बढ़ा रहे हैं

सुजीत मेहर जानता है कि उसके गृह-राज्य ओडिशा के युवाओं को फैशन की समझ नहीं है। वे हमेशा सोचते हैं कि वे लोग जो कुछ भी पहनेंगे, वह पुराने फैशन का होगा और दुनिया उसकी प्रशंसा नहीं करेगी। इससे वे हीन भावना के शिकार हैं और उन्होंने आत्मविश्वास भी खो दिया है। लेकिन 'नेशनल इंस्टीट्यूट ऑफ फैशन टेक्नोलॉजी' का स्टूडेंट होने के नाते उसे इस बात का भरोसा था कि अगर संस्कृति को बेहतर तरीके से पेश किया जाए तो वह मॉर्डन आर्ट से कहीं भी कम नहीं है। लिहाजा इस नवोदित डिजाइनर ने पश्चिमी ओडिशा की कला और संस्कृति का पश्चिमी स्टाइल से फ्यूजन करने का निर्णय लिया। सुजीत सँभलपुरी हैंडलूम से बने अपने कपड़ों की प्रदर्शनी एक माह बाद बेंगलुरु में 'नुआखाई बेटाघाट' के नाम से लगाएगा।

24 साल के मेहर ने ग्रेजुएशन के बाद समाज सेवा के उद्देश्य से 'तिलोत्तमा' नाम से एक ब्रांड पेश किया। अब उसका मुख्य ध्येय पश्चिमी ओडिशा की परंपरा को बचाए रखना है। मेहर ने महसूस किया कि इस क्षेत्र की कला धीरे-धीरे लुप्त हो रही है। वह इसे बचाना चाहता है। उसने फैशन और लाइफ स्टाइल एसेसरीज में ग्रेजुएशन किया है। वह ज्वैलरी और ग्राफिक डिजाइनिंग में भी माहिर है। पिछले साल उसने बेंगलुरु के जुहर परिवार के साथ मिलकर पश्चिमी ओडिशा के प्रमुख उत्सव 'नुआखाई' को मनाने के लिए वार्षिक प्रदर्शनी लगाई। मेहर ने इस फैशन शो में अपनी संस्कृति के प्रमुख गीत और नृत्यों को भी जोड़ दिया था।

इस साल प्रदर्शनी की थीम 'फोक बिकम्स फैशन' पर आधारित है। इसमें यूरोपियन देशों की 'इक्कट कला' की झलक दिखानेवाले गाऊन पेश किए जाएँगे। कॉलेज के

फाइनल इयर में मेहर ने इंडियन हैंडीक्राफ्ट ज्वैलरी के विकास पर रिसर्च किया था। यह केंद्रीय टेक्सटाइल डिपार्टमेंट से संबद्ध थी। इस फेस्टिवल में 1000 हजार लोग उसके बनाए हुए वस्त्र पहनेंगे।

इस बीच भुवनेश्वर के कॉलेज ऑफ इंजीनियरिंग के 'फैशन ऐंड एपरेल डिपार्टमेंट' के कुछ स्टूडेंट्स ने फेसबुक पर एक पेज बनाया है। इसका नाम रखा गया है 'हू वीयर्स व्हाट व्हेन देन गो व्हेयर'। इस पेज पर फैशन के कुछ टिप्स और ट्रिक भी बताए गए हैं। इसका उद्देश्य नॉर्थ-ईस्ट के फैशन के प्रति जागरूक युवाओं को अपने वार्डरोब को नई स्टाइल से सुसज्जित करने के लिए प्रेरित करना है। इस फोरम पर महिलाओं के फैशन पर ध्यान केंद्रित किया गया है। जल्द ही यह पुरुषों के फैशन की भी जानकारी देगा।

वे फैशन और एपरेल इंडस्ट्री के विषय में बहुत सी जानकारी खोज रहे हैं, ताकि वे नए ट्रेंड के बारे में बता सकें। इसलिए उन्होंने अपने विचारों और नए आइडिया को दुनिया के दूसरे लोगों से शेयर करने का विचार किया है। वे अपने राज्य के युवाओं को ड्रेस और डिजाइन के विषय में ज्यादा-से-ज्यादा जानकारी देना चाहते हैं। यह ग्रुप ओडिशा के फैब्रिक और परंपरागत आर्ट को भी प्रोत्साहित कर रहा है। आदिवासी कला 'पिपली' को भी आधुनिक कपड़ों और एसेसरीज के साथ पेश किया जा रहा है। 'सँभलपुरी हैंडलूम' और 'पट्टा चित्रा' दुनिया भर में लोकप्रिय हैं। फैशन की दुनिया में इस आर्ट के लोकप्रिय होने की बहुत संभावना है। हैंडलूम और हैंडीक्राफ्ट में परंपरागत डिजाइन को बढ़ावा देकर वे स्थानीय बुनकरों को भी फायदा पहुँचा रहे हैं। वे फिल्मी सितारों और इंटरनेशनल मॉडल के ड्रेस डिजाइनर प्रीतम पांडा के संपर्क में भी हैं। पांडा इन स्टूडेंट्स को उनकी फैशन च्वॉइस के टिप्स दे रहे हैं।

फंडा यह है कि पीढ़ी को अपनी संस्कृति को भुलाने के लिए दोषी नहीं ठहराइए। इसके बजाय संस्कृति को उनकी पसंद के पैकेज में ढालिए और फिर अंतर देखिए! वे हमारी संस्कृति को हमसे ज्यादा अच्छे तरीके से प्रोत्साहित कर सकते हैं।

□

तकनीक की जागरूकता से होगा सबका फायदा

एक हार्डवेयर है 'क्यू प्ले'। टीवी से कनेक्ट करने पर यह सामान्य टीवी को स्मार्ट टीवी में बदल देता है। इसके जरिए कोई भी नॉर्मल टीवी से अपने टेबलेट, लेपटॉप या मोबाइल में मीडिया फाइल (म्यूजिक, वीडियो, तसवीरें वगैरह) ले सकता है, वह भी सिर्फ एक क्लिक पर। इस एप्लीकेशन को नितिन जॉर्ज चारूविला ने विकसित किया है। वे 'क्यू प्ले टैक प्राइवेट लिमिटेड' के सीईओ हैं। इसी तरह 'राइडस्मार्ट' एक अन्य एप्लीकेशन है। इसके जरिए बिना चाबी लगाए आप कार में घुस सकते हैं। यह स्मार्ट फोन को रिमोट कंट्रोल के तौर पर इस्तेमाल के लायक बनाती है। इसे बनानेवाले हैं अरविंद संजीव, जो 'एआरएस सर्विसेस' के सीईओ हैं और इस एप्लीकेशन के पेटेंट के लिए उन्होंने आवेदन भी कर रखा है।

'डॉटरिटेल' सॉफ्टवेयर रिटेल की दुकानों व उपभोक्ताओं के बीच इ-कॉमर्स प्लेटफॉर्म के तौर पर काम करता है। इसके जरिए आप नजदीकी रिटेल शॉप के बारे में पता कर सकते हैं। इंजीनियरिंग की चौथे साल की पढ़ाई कर रहे जिबिन बोस ने इसे बनाया है। आकाश मैथ्यू 'सीआईईडी टेक्नोलॉजीज प्राइवेट लिमिटेड' के सीईओ हैं। उन्होंने 'क्रश' नामक एक एप्लीकेशन बनाई है। इसे फेसबुक से जोड़ दें तो जैसे ही आपका कोई मित्र आपके नाम को क्रश लिस्ट में जोड़ेगा, आपके पेज पर मैसेज मिल जाएगा। 'शॉउटक्रो डॉट कॉम' के सीईओ हैं विजिथ पद्मनाभन। उन्होंने 'डोलोजो' नामक एप्लीकेशन बनाई है। इसके जरिए यू-ट्यूब पर जारी किसी भी वीडियो के सिर्फ उतने हिस्से को अपने वेबपेज पर अपलोड किया जा सकता है, जितना आप चाहते हैं। ऊपर पाँच लोगों और उनकी बनाई एप्लीकेशंस के बारे में बताया गया है।

इन सभी में कॉमन क्या है? इनकी उम्र महज 22 साल है। पाँचों लोग कोच्चि, केरल के रहनेवाले हैं। उन्होंने हाल में ही 'एसवी स्क्वायर' नाम की प्रतिस्पर्धा के पहले संस्करण में हिस्सा लिया था। अपने आविष्कारों को लेकर ये सभी नवंबर में सिलिकॉन वैली, कैलिफोर्निया की यात्रा पर जा रहे हैं। उनकी यात्रा का पूरा खर्च आयोजक उठाएँगे। प्रतिस्पर्धा में देश भर से 1,270 एप्लीकेशन आई थीं। उनमें से इन पाँचों का चयन दुनिया के जाने-माने लोगों की जूरी ने किया है। आईआईएम, अहमदाबाद के प्रोफेसर अनिल गुप्ता इस जूरी के अध्यक्ष थे, जबकि 'नैसकॉम' की पूर्व अध्यक्ष किरण कार्णिक इसकी सदस्य थीं।

अब इस तसवीर का दूसरा पहलू देखिए। तार सेवा देश में इसी साल 15 जुलाई से बंद हो चुकी है। इसके बाद तमिलनाडु पुलिस सुप्रीम कोर्ट के एक आदेश को लेकर दुविधा में है। शीर्ष कोर्ट ने एक आदेश में व्यवस्था दी थी कि संविधान के अनुच्छेद 22 (1) के तहत गिरफ्तार किए गए किसी भी व्यक्ति के परिजनों को उसकी गिरफ्तारी के संबंध में एक निश्चित समय के भीतर सूचना देना जरूरी है। ऐसा नहीं किया गया तो उसकी गिरफ्तारी रद्द हो जाएगी। पुलिस पहले इस तरह की सूचनाएँ तार के जरिए संबंधित लोगों तक भिजवाती थी। अब उसने सूचना भिजवाने के लिए फैक्स और टेलीफोन जैसे विकल्प चुने, लेकिन इनका कोई सबूत नहीं होता। लिहाजा, मद्रास हाईकोर्ट ने एक आदेश जारी कर पुलिस से कहा कि वह ऐसी सूचना भिजवाने के लिए इ-पोस्ट का इस्तेमाल करे। डाक विभाग ने यह सुविधा 30 जनवरी, 2004 में शुरू की थी। इ-पोस्ट के जरिए कोई भी देश के किसी भी पते पर इंटरनेट के जरिए संदेश भेज सकता है। ए-4 साइज के एक पन्ने पर मैसेज भेजने के 10 रुपए लगते हैं। जिस जगह के लिए सूचना भेजी गई है, वहाँ का पोस्ट ऑफिस उसका प्रिंट लेता है और उसे संबंधित व्यक्ति के पते पर पहुँचाता है।

फंडा यह है कि मौजूदा तकनीक को ज्यादा-से-ज्यादा लोगों तक पहुँचाने के लिए नई पीढ़ी को जागरूकता अभियान चलाना चाहिए। इसमें सबका ही तो फायदा है।

□

कभी-कभी सजा के बजाय तारीफ करने से भी बेहतर नतीजे मिलते हैं

अगर आप कानून के खिलाफ जाते हैं तो आपको सजा मिलेगी। हमारे समाज का यही नियम है। सिग्नल तोड़ने पर, हैलमेट न पहनने पर या नो-पार्किंग में गाड़ी खड़ी करने पर। ये ऐसी गलतियाँ हैं, जिनके लिए सजा मिलती है। सजा के तौर पर कभी चालान बना दिया जाता है, कभी लाइसेंस जब्त कर लिया जाता है। सजा देने के लिए मौके पर पुलिसवाले मौजूद होते हैं, जिन्हें इसके अधिकार होते हैं। इसीलिए हमारे दिमाग में पुलिसवालों की तसवीर इस तरह की बन जाती है कि वे हमेशा लेते ही हैं। फिर चाहे हमसे लाइसेंस ले लें या फिर चालान के पैसे। लेकिन आपने यह कभी नहीं सुना होगा कि कोई पुलिसवाला आपको गलती करने के बावजूद कुछ दे रहा है।

कुछ अलग करनेवाली पुलिस के बारे में आपके दिमाग में ज्यादा-से-ज्यादा यही तसवीर बनेगी कि आप कानून का पालन करें तो वह आपको कोई उपहार देगी। लेकिन कानून तोड़ने के बावजूद आपको उपहार मिले तो अचरज होगा न! बिल्कुल होगा और शर्मिंदगी भी। असम के गोलाघाट की पुलिस ने ट्रैफिक रूल तोड़नेवालों के साथ कुछ ऐसा ही किया। जिन लोगों ने अपनी गाड़ियाँ नो-पार्किंग में पार्क कर रखी थीं, उन्हें पुलिस की ओर से पान-सुपारी दी गई। साथ ही गांधीगिरीवाले अंदाज में उन्हें बेहद नरमी से गाड़ी को पार्किंग में लगाने का आग्रह किया गया। इसी प्रदेश के जोरहाट में पुलिस ने थोड़ा सा अलग तरीका अपनाया। उसने हैलमेट न पहननेवालों का चालान बनाया और साथ ही पहननेवालों को टॉफियाँ बाँटीं। पहले ही दिन करीब 300 टॉफियाँ बाँटी गईं। यहाँ की पुलिस ने यह अभियान तब तक चलाए रखने का फैसला किया है, जब तक कि पूरा कस्बा हैलमेट पहनना शुरू नहीं कर देता। जोरहाट के एसपी संयुक्त पाराशर इस

अभियान को जारी रखने के लिए अपने स्तर पर वित्तीय मदद जुटाने की कोशिश भी कर रहे हैं।

गोलाघाट और जोरहाट पुलिस के अभियान असर दिखा रहे हैं। अब दूसरी तसवीर देखिए! हरियाणा का हिसार शहर अब तक यह नहीं समझ पा रहा है कि तेज रफ्तार बाइक चलानेवाले और उस पर स्टंट दिखानेवाले बच्चों से कैसे निपटा जाए? महज 12-13 साल की उम्र के बच्चे यह सब कर रहे हैं। अपनी जिंदगी को जोखिम में डाल रहे हैं। इन बच्चों में कई की तो गर्लफ्रेंड्स भी बाइक पर उनके पीछे बैठी होती हैं। रिपोर्ट बताती हैं कि इस शहर में हर सप्ताह बाइक राइडर्स के दो एक्सीडेंट ऐसे होते हैं, जिसमें उनकी जान चली जाती है। यहाँ कुछ गैर-सरकारी संगठनों ने बच्चों और उनके माता-पिता को इस सिलसिले में समझाने की कोशिश की। उन्हें जागरूक करने की कोशिश की। लेकिन इन लोगों ने सामाजिक कार्यकर्ताओं की बात सुनने के बजाय उनके लिए अपने दरवाजे बंद कर लिये।

ऐसे लोगों के लिए तुर्की की राजधानी इस्तांबुल के लोग मिसाल हो सकते हैं। वहाँ माता-पिता और दूसरे कारवालों ने मिलकर तय किया है कि वे बच्चों को अपनी गाड़ी में प्राथमिकता के आधार पर लिफ्ट देंगे। यही नहीं, अगर कम उम्र के बच्चे दोपहिया वाहन छोड़ने का फैसला करते हैं तो उनकी भरपूर तारीफ करेंगे। इस फैसले में उनका साथ देंगे और बच्चों की पूरी मदद करेंगे। इस पहल का इस्तांबुल में असर भी नजर आ रहा है। वहाँ सड़कों पर अब कम उम्र के बच्चे दोपहिया वाहनों पर काफी कम नजर आते हैं।

फंडा यह है कि अगर सजा के जरिए किसी समस्या से निजात पाने में मदद नहीं मिल रही है तो तारीफ का रास्ता अपनाना चाहिए। यह तरीका यकीनन ज्यादा प्रभावी रहेगा। शायद इसलिए भी कि समाज से तारीफ करने की संस्कृति आजकल कुछ पीछे छूटती जा रही है।

□

आप में भी है ऐसा हुनर, जो शिखर तक पहुँचा दे

मंजूश्री बनर्जी फरवरी 2005 में पश्चिम बंगाल के उत्तर 24 परगना जिले में एथलेटिक्स टूर्नामेंट देखने गई थीं। आयोजक वहाँ दर्शकों से भी इसमें भाग लेने की अपील कर रहे थे, यों ही मौज-मस्ती के लिए। मंजू को पता था कि पेशेवर एथलीट के साथ दौड़ने पर वे किसी भी सूरत में जीत नहीं सकतीं। इसके बावजूद वे मैदान में उतर गईं। कोई तैयारी तो थी नहीं। ट्रैक पर दौड़ने के लिए जूते भी एक अन्य दर्शक से माँगने पड़े, लेकिन नतीजा देखिए! वे 100 और 200 मीटर की दौड़ में दूसरे स्थान पर रहीं। तब कई पुराने एथलीट ने उन्हें मशविरा दिया कि वे दौड़ को गंभीरता से लें।

फरवरी 2005 की घटना के बाद से मंजू ने नियमित प्रैक्टिस शुरू कर दी। उन्होंने 'युवा भारती क्रीड़ांगन' में हुई राज्य स्तर की एथलेटिक्स प्रतिस्पर्धा में हिस्सा लिया। इसमें 200 और 400 मीटर की दौड़ में विजेता रहीं। यहाँ से उनके लिए संभावनाओं के दरवाजे खुल चुके थे। कोच कार्तिक नाथ से उन्होंने खेल की मूलभूत चीजों की ट्रेनिंग लेनी शुरू की। उन्होंने मंजू को जॉगिंग और स्ट्रेचिंग तक करना सिखाया। मई 2006 में उन्होंने 'ऑल इंडिया मास्टर्स एथलेटिक्स चैंपियनशिप' में हिस्सा लिया। यहाँ उन्होंने 100 और 200 मीटर की रेस में गोल्ड जीता। उसी साल वे 'एशिया मास्टर्स एथलेटिक्स चैंपियनशिप' और 'वर्ल्ड मास्टर्स एथलेटिक्स चैंपियनशिप' में भी हिस्सा लेने गईं। इन उपलब्धियों के बाद भी मंजू की रफ्तार धीमी नहीं पड़ी। उन्होंने 2013 में श्रीलंका में हुई 'एनुअल (ओपन) एथलेटिक्स चैंपियनशिप' में एक गोल्ड और तीन सिल्वर मेडल जीते।

आठ साल पहले शुरू हुए उनके इस सफर के दौरान अब तक उन्हें उनकी उम्र के बराबर अवॉर्ड्स, सर्टिफिकेट्स, मैडल्स वगैरह मिल चुके हैं। आप अंदाजा लगा सकते

हैं कि उनकी उम्र कितनी है? 68 साल। जी हाँ, और उम्र के इस पड़ाव पर भी मंजू का सफर थमा नहीं है। वे नवंबर 2013 में ब्राजील में होनेवाली 'वर्ल्ड एथलेटिक्स मीट' के लिए तैयारी कर रही हैं। उन्हें दो लाख रुपए की जरूरत है, इसलिए वे कोई प्रायोजक ढूँढ़ रही हैं। मंजूश्री कुछेक टूर्नामेंट के बाद ट्रैक छोड़ सकती थीं। लेकिन उन्होंने ऐसा नहीं किया। उम्मीद का दामन थामे रखा और बढ़ती गईं। ब्राजील के बाद उनका अगला लक्ष्य 2014 में जापान में होनेवाली 'एशियन एथलेटिक्स चैंपियनशिप' है।

उन्हें यकीन है कि वे आनेवाली दोनों प्रतिस्पर्धाओं में मेडल जीतेंगी और अपनी टेली को तीन अंकों तक पहुँचा देंगी। मेडल जीतने का तो अब उन पर जुनून सवार हो चुका है। उत्तरी कोलकाता के रामजॉय सील शिशु पाठशाला में मंजू कैमिस्ट्री टीचर थीं। रिटायरमेंट तक कभी फील्ड-ट्रैक पर कदम नहीं रखा, लेकिन उसके बाद उसी ट्रैक से पैर वापस नहीं खींचे। आठ साल में दुनिया में उम्रदराज खिलाड़ियों के लिए हुईं लगभग सभी प्रतिस्पर्धाओं में वे हिस्सा ले चुकी हैं और मेडल भी जीत चुकी हैं। स्कूल की पढ़ाई के दौरान जरूर मंजू ने खेलों में हिस्सा लिया था। फिर सन् 1968 में कल्याणी यूनिवर्सिटी से एम.एस-सी. करते हुए 100 मीटर दौड़ में भाग लिया। दौड़ने के लिए सलवार-कुरता तक सहेली से लेना पड़ा था। लेकिन अव्वल आईं।

उनके लिए यहाँ पर एक तरह से खेलों का चैप्टर बंद हो चुका था। उन्हें क्या पता था कि 37 साल बाद यह अध्याय फिर खुलेगा और ऐसे कि जिंदगी के प्रति उनका नजरिया ही बदल डालेगा! कोलकाता के बिधान सरानी इलाके में उनका दो कमरे का मकान है। पहले इन कमरों की अलमारियों में कैमिस्ट्री की पुस्तकें भरी रहती थीं। अब मेडल्स और सर्टिफिकेट्स नजर आते हैं, जो यह बताते हैं कि हर किसी में कोई-न-कोई ऐसा हुनर जरूर होता है, जिसमें वह मास्टर होता है।

फंडा यह है कि आपको अपनी जन्मजात प्रतिभा, खासियत का तब तक पता नहीं चलता, जब तक आप प्रयोग नहीं करते। याद रखें कि आप जीवन के किसी-न-किसी क्षेत्र में कुछ बड़ा करने के लिए पैदा हुए हैं।

□

आप अपनी किस्मत खुद भी लिख सकते हैं...

पहला व्यक्ति—उसकी उम्र 26 साल है और वह इतनी ही बार अस्पताल जा चुका है खून चढ़वाने के लिए, क्योंकि उसे 'सिकल सैल एनीमिया' की बीमारी है। यह बीमारी उसे अपने माता-पिता से विरासत में मिली है। इसी बीमारी की वजह से वह अपने दो भाइयों को खो चुका है। इस बीमारी से पीड़ित लोग तनाव नहीं झेल सकते, सीढ़ियाँ नहीं चढ़ सकते। ज्यादा काम-काज नहीं कर पाते। मूल रूप से वह नागपुर का रहवासी है, फिलहाल हरियाणा के रोहतक में रह रहा है।

बिस्तर पर रहते हुए उसने कई परीक्षाएँ दीं। ज्यादातर मौकों पर तो वह परीक्षा हॉल में सीधे अस्पताल से ही पहुँचा। उसके लिए यह सब आदतन हो चुका था। ये हालात तब बनते थे, जब उसके खून में लाल रक्त कणिकाएँ (आरबीसी) तीन से चार प्वॉइंट तक पहुँच गईं, जबकि सामान्य तौर पर उन्हें 18 प्वॉइंट तक होना चाहिए। इस सबके बावजूद उसने बी.टेक. किया। कर्नाटक में एक आईटी कंपनी भी ज्वॉइन की। हालाँकि उसे अपनी बीमारी के कारण वह छोड़नी पड़ी, लेकिन भगवान् ने उसे इतनी परेशानियों के बावजूद एक नेमत भी दी है।

वह बहुत कम समय में चीजों को याद कर सकता है। मेडिकल साइंस कहता है कि इस बीमारी के मरीज ज्यादा जी नहीं पाते। वह अपने बचे हुए बाकी दिन अपने परिवार के साथ ही बिताना चाहता है। उसने आईटी कंपनी छोड़ने के बाद 'कैट' के लिए एप्लाई किया। उसे पास किया और फिलहाल आईआईएम, रोहतक में एडमिशन लेकर पढ़ाई कर रहा है। इस युवक का नाम है कुणाल मेंढे।

दूसरा व्यक्ति—उसकी उम्र 26 साल है। ओडिशा के जाजपुर जिले के हरिदा बहाली गाँव का रहनेवाला है। यह देश के उन गाँवों में शुमार है, जहाँ पीने के पानी की

सप्लाई नलों के जरिए नहीं होती। जहाँ सड़क, बिजली, स्कूल, दुकानें कुछ भी नहीं हैं। राजनेता भी वोट माँगने के लिए यहाँ आते हैं। उसने दुकान सरीखे दिखनेवाले ऐसे स्कूल में पढ़ाई की, जिसे सालों से एक व्यक्ति चला रहा था। जब वह सही स्कूल में पहुँचा तो उसके लिए उसे रोज घने जंगलों के बीच से गुजरते हुए 10 किलोमीटर सफर करना पड़ता था। उसके पिता का उस वक्त देहांत हो गया, जब वह सिर्फ सात साल का था। माँ भी उसे महज 17 साल की उम्र में ही छोड़कर चल बसीं। इस सबके बावजूद उसने 10वीं तक की स्कूल की पढ़ाई पूरी की। फिर 12वीं की पढ़ाई के लिए भुवनेश्वर चला गया। वहीं बीजेबी कॉलेज से कॉमर्स में ग्रेजुएशन पूरा किया।

पढ़ाई करते हुए उसे अपना खर्च निकालने के लिए सेल्समैन के तौर पर काम भी करना पड़ा। शहर में ही उसे 'कैट' के बारे में पता चला। वह इस परीक्षा में बैठना चाहता था। कोचिंग क्लास में पढ़ने की तो वह सोच भी नहीं सकता था, इसलिए खुद तैयारी करने की सोची। कई बार फेल हुआ और आखिरकार इस साल उसने 'कैट' निकाल ली। उसका एडमिशन भी आईआईएम, रोहतक में हुआ। इस युवक का नाम है—राजिबा तिरिया।

तीसरा व्यक्ति—वह उत्तर प्रदेश का रहनेवाला है। उसके पिता छोटी सी दुकान चलाते हैं। उसने मिर्जापुर के जीडी बिनानी पीजी कॉलेज से कॉमर्स में पोस्ट ग्रेजुएशन किया। पढ़ाई का पूरा खर्च उठाने के लिए उसे ट्यूशन करनी पड़ती थी। कॉलेज अटेंड करने के लिए रोज साइकिल से 20 किलोमीटर तक का सफर भी किया, लेकिन उसकी साइकिल ने इस साल आईआईएम, रोहतक तक का सफर तय करके मिसाल कायम की है। इस लड़के का नाम है आशीष मजूमदार। मैं पिछले शनिवार हरियाणा के रोहतक में था। वहाँ 'भास्कर उत्सव' में भाग लेने के लिए गया था। वहीं मेरी मुलाकात इन तीनों चैंपियंस से हुई, जिन्होंने आईआईएम में पहुँचने का सपना देखा और उसे पूरा भी किया।

फंडा यह है कि निश्चित तौर पर हमारी किस्मत भगवान् ही लिखता है, लेकिन वह हमें भी मौका देता है कि हम उसके साथ ही अपनी किस्मत लिख सकें। इस मौके का लाभ लेना या न लेना हम पर निर्भर है।

□

लूट की कला भी सीखी जा सकती है, अपनी सुरक्षा के लिए

भोपाल के रिटायर्ड कर्नल परवानी ने एक बार मुझे एक किस्सा सुनाया। सेना को जब सीमा पर घुसपैठ करनेवालों की पहचान करने में मुश्किल पेश आई तो उसने बाटा कंपनी से मदद माँगी। कंपनी से उन लोगों की सूची माँगी गई, जो घुटनों तक पहननेवाले रबर सोल के जूते (गम बूट) खरीदते थे। इसकी वजह ये थी कि जो लोग सीमा के इस पार घुसपैठ कर रहे थे, वे अकसर खतरनाक जहरीले जीव-जंतुओं से बचने के लिए ऐसे ही जूते पहनते थे। इन जूतों की वजह से उनकी आहट भी नहीं मिल पाती थी।

सेना ने जब घुसपैठियों की धरपकड़ के लिए उनका ही तरीका अपनाया तो उसको अपने अभियानों में कामयाबी मिलने लगी। आज के साइबर वर्ल्ड में हम भी घुसपैठियों को पहचाने में सफल नहीं हो रहे हैं। यहाँ तक कि पुलिस को भी उन्हें पकड़ने में सफलता नहीं मिल रही है या जब तक वे पकड़े भी जाते हैं, हमारा नुकसान हो चुका होता है। इस समस्या से निपटने के लिए एक नई टर्म विकसित हुई है—'एथिकल हैकिंग'।

इंटरनेट की दुनिया के ज्यादातर लोग इससे परिचित हैं। यहाँ तक कि राँची जैसे छोटे से शहर में भी 'एथिकल हैकिंग' की एक छोटी सी कंपनी है। इसका नाम है—'ग्रे हैट प्राइवेट लिमिटेड'। 20 अगस्त को यह कंपनी 'एथिकल हैकिंग' पर अपना पहला प्रजेंटेशन देनेवाली है। इसमें यह बताएगी कि 'एथिकल हैकिंग' आखिर क्यों जरूरी है! 'एथिकल हैकर' दरअसल कंप्यूटर एक्सपर्ट होता है। वह आपके सिक्योरिटी सिस्टम पर उसी तरह से हमला करता है, जिस तरह से एक गलत इरादेवाले हैकर। वह आपको वे सब तरीके बताता है, जो हैकर्स अपनाते हैं। फिर यह भी सिखाता है कि हैकर्स के हमलों से भविष्य में बचा कैसे जा सकता है! मुंबई पुलिस तो बाकायदा 'एथिकल हैकर्स' की

सेवाएँ भी लेती है। इनके जरिए वह अपने कंप्यूटर सिस्टम्स को सुरक्षित तो रखती ही है, साइबर अपराधों की गुत्थियाँ सुलझाने में भी उनकी मदद लेती है। 'एथिकल हैकिंग' की दुनिया में अंकित फड़िया एक जाना-पहचाना नाम है। जब वे महज 12 साल के थे, तब कंप्यूटर हैकिंग की फील्ड में उनकी रुचि जागी। इसके दो साल के भीतर उनकी लिखी एक पुस्तक प्रकाशित हो गई। इसका नाम था, 'एन अनऑफिशियल गाइड टू एथिकल हैकिंग'। यह जल्दी ही दुनिया की सबसे ज्यादा बिकनेवाली पुस्तकों में शामिल हो गई।

कई अलग-अलग भाषाओं में इसका अनुवाद भी हो चुका है। अंकित सिर्फ 16 साल की उम्र में ही देश के कई राज्यों की पुलिस को साइबर सिक्योरिटी और साइबर अपराधों को सुलझाने के तौर-तरीकों की ट्रेनिंग दे चुके थे। जबकि 18 साल की उम्र तक उन्होंने कंप्यूटर सिक्योरिटी पर अपना सर्टिफिकेशन कोर्स शुरू कर दिया था। आज दुनिया भर में अंकित से प्रशिक्षण हासिल कर चुके 25,000 लोग काम कर रहे हैं। अमेरिका की स्टैनफोर्ड यूनिवर्सिटी से उच्च शिक्षा हासिल करने के बाद अंकित ने 23 साल की उम्र में एमटीवी पर अपना शो शुरू किया। इसका नाम है, 'एमटीवी व्हाट द हैक।' उन्हें 26 साल की उम्र में 'वर्ल्ड इकोनॉमिक फोरम' की ओर से 'ग्लोबल शार्पर' चुना गया। इस दौरान उनकी 14 पुस्तकें भी प्रकाशित हुईं। आज दुनिया भर में उन्हें 'कंप्यूटर सिक्योरिटी एक्सपर्ट' का सम्मानित रुतबा हासिल है।

दुनिया के 25 से ज्यादा देशों में वे 1,000 से ज्यादा 'टॉक शो' कर चुके हैं। ढेरों अवॉर्ड उन्हें मिले हैं। वे खुद भी स्टूडेंट्स को अवॉर्ड और स्कॉलरशिप देते हैं। फेसबुक पर उनके 2,16,966 फॉलोअर्स हैं। जबकि ट्विटर पर 16,000 के करीब। देश में आज कई कंपनियाँ हैं, जो 'एथिकल हैकिंग' के कोर्स चला रही हैं। जो स्टूडेंट आईटी सेक्टर में सिक्योरिटी सुपरवाइजर के तौर पर अपनी पहचान बनाना चाहते हैं, उनके लिए ये कोर्स बेहद मददगार होते हैं। दो से छह महीने के कोर्स की फीस भी बहुत ज्यादा नहीं होती। यही कोई 10000 से 22,000 रुपए के आस-पास। सफल स्टूडेंट्स को सर्टिफिकेट तो मिलता ही है, आईटी सेक्टर में जॉब भी अपेक्षाकृत आसानी से मिल जाता है।

फंडा यह है कि हमें लूट और चोरी से बचने की कला को भी सीखना चाहिए। इसे साल-दर-साल अपडेट भी करते रहना चाहिए, ताकि हम खुद को तो सुरक्षित रख ही सकें, समाज को भी गलत इरादेवाले लोगों से बचा सकें।

□

नई पीढ़ी को वैज्ञानिक दलीलों से समझाइए

आप अकसर अपने बच्चों को आदेश देते होंगे, 'पैर धोकर घर के भीतर आओ।' 'सोने से पहले नहा लो।' 'बहुत ज्यादा जंक फूड मत खाओ।' वगैरह-वगैरह। लेकिन ऐसे आदेश देने के बाद आपको कई बार बच्चों के विरोध का भी सामना करना पड़ता होगा। लेकिन बड़े होते बच्चों को अगर आप वैज्ञानिक दलीलों के साथ इस तरह के आदेशों के पीछे के कारण बताएँगे तो वे शायद आसानी से मान जाएँ। आप उन्हें बता सकते हैं, 'घर में पैर धोकर आना स्वास्थ्य के लिए अच्छा है।'

'लंदन स्कूल ऑफ हाइजीन ऐंड ट्रॉपिकल मेडिसिन' के ताजा अध्ययन में यह साबित हुआ है। इसके मुताबिक, 'बाकी मच्छरों की तुलना में मलेरिया फैलानेवाले मच्छर गंदे और बदबूदार पैरों या इनसान के शरीर से आ रही बदबू की तरफ तीन गुना ज्यादा आकर्षित होते हैं।' इसे बच्चे जल्दी मानेंगे।

बच्चों को बताया जा सकता है कि हमारे पूर्वज इन बातों को शायद पहले से जानते थे। दिन भर काम करने के बाद इनसान के शरीर से पसीने और धूल-मिट्टी की मिली-जुली गंध आने लगती है। इस गंध में कार्बन डाइऑक्साइड भी होती है। इसी की तरफ मच्छर और दूसरे कीटाणु आकर्षित होते हैं, जो हमें नुकसान पहुँचाते हैं। उस जमाने में पंखे भी नहीं होते थे। इसलिए रात में सोने से पहले नहाने की परंपरा चल निकली। इस परंपरा को अगर हम आज भी अपनाए रखें, जारी रखें तो क्या बुरा है? बच्चे इसको भी आसानी से मान जाएँगे।

बच्चों को यह भी बताइए कि इनसान के पसीने या शरीर की बदबू में यूरिक एसिड नामक रसायन होता है। मच्छर इस रसायन की गंध को 50 मीटर दूर से पहचान

लेते हैं। इसकी तरफ खिंचते चले आते हैं। इस तरह के रसायनों के साथ जब कार्बन डाइऑक्साइड मिल जाए तो बदबू और तेज हो जाती है। युवा मच्छर के सिर में गंध पहचानने के लिए तरह-तरह एंटिना होते हैं। इन्हीं के जरिए वे यह पता करते हैं कि कहाँ उन्हें भोजन मिलेगा और कौन सी जगह मादा मच्छर के लिए अंडे देने लायक है।

देश के आँकड़े और हालात बताकर भी बच्चों को समझाया जा सकता है। मसलन, भारत में हर सप्ताह मलेरिया के करीब 5,000 नए केस सामने आते हैं। सरकारी आँकड़ों के मुताबिक हर साल 1,000 लोगों की जान मलेरिया की वजह से चली जाती है। हालाँकि 'इंडियन काउंसिल ऑफ मेडिकल रिसर्च' का आकलन इससे 40 गुना अधिक का है। यही नहीं, मलेरिया की रोकथाम के लिए नगरीय निकाय सड़कों, नालियों, पार्कों, घरों के आस-पास 'पाइरेथ्रिन' नामक रसायन का स्प्रे कराते हैं। पानी की टंकियों और अन्य जलस्रोतों में 'टेमीफोज' नामक रसायन समय-समय पर मिलाया जाता है। इन रसायनों से स्प्रे कराने की शुरुआत दस साल पहले हुई थी।

आज ये उतने असरदार साबित नहीं हो रहे हैं। नए शोध से यह पता चला है कि 'पाइरेथ्रिन' का असर बंद जगहों पर अधिक होता है। खुली जगहों पर यह मच्छरों को भगाने का काम ही कर पाता है। कई कीटविज्ञानी इसकी पुष्टि कर चुके हैं। और आप पाएँगे कि इस तरह की दलील भी बच्चों पर जल्द असर दिखा रही है। इससे वे स्वास्थ्य और साफ-सफाई के प्रति अधिक जागरूक हो रहे हैं।

फंडा यह है कि आज की पीढ़ी हमारे जमाने की तुलना में कहीं ज्यादा इंटेलीजेंट है। वह सवाल करती है। वह नई-नई चीजों को जानने की उत्सुक है। उसे सिर्फ उसी भाषा में संतुष्ट किया जा सकता है, जिसे वह समझ सके। इसलिए उससे उसी की भाषा में बात कीजिए। वैज्ञानिक व्याख्याओं, दलीलों, तर्कों के साथ अपनी बात रखिए। फिर देखिए, कैसे वह आपकी बात को सहजता से मानती है।

□

युवाओं को आंदोलित कीजिए और देखिए वे क्या बदलाव लाते हैं

अमन घोष जब नौवीं में पढ़ता था, तब उसके स्कूल ने रवांडा और इथियोपिया की ट्रिप आयोजित की गई। वहाँ उसने देखा कि लोग पीने के पानी के लिए कितनी मुश्किलें उठाते हैं। पूरा परिवार, यहाँ तक कि छोटे-छोटे बच्चे भी पानी लाने के लिए कड़ी मशक्कत करते हैं। उसने देखा कि छह साल का सुलेमान सुबह देर तक सो नहीं पाता। उसे छह बजे उठना पड़ता है। रोज अपने घर से 10 किलोमीटर दूर पानी लाने के लिए जाना पड़ता है। रवांडा के रवान में दक्षिणी प्रांत के न्याबिसिंदु का रहनेवाला है सुलेमान। उसे अच्छी तरह पता है कि अगर वह पानी लाने के लिए माँ और बहन का हाथ नहीं बँटाएगा तो परिवार को पीने का पानी भी मुहैया नहीं हो पाएगा। लिहाजा, सुबह उठते ही वह घर के कोने में रखा मटका सिर पर रखकर पानी लाने के लिए निकली महिलाओं के झुंड में शामिल हो जाता है। नदी से पानी लाने में चार घंटे लगते हैं। जाहिर सी बात है कि घर लौटते-लौटते सुलेमान बुरी तरह थक चुका होता है। कभी-कभी पानी लानेवालों की लाइन लंबी होती है। इसलिए वक्त भी ज्यादा लग जाता है। दुनिया के कई दूसरे हिस्सों में सुलेमान की उम्र के बच्चे स्कूल जाते हैं, पढ़ाई करते हैं। लेकिन सुलेमान कक्षा में बैठने के बारे में सोच भी नहीं सकता; क्योंकि इसका सीधा मतलब है कि घर में पानी की कमी। इथियोपिया के वोलिसो में भी हालात ऐसे ही हैं। यहाँ एक गाँव में रहनेवाले 16 साल के मोहम्मद को रोज छह किलोमीटर दूर से पीने का पानी लाना पड़ता है। घर लौटने तक वह भी इतना थक जाता है कि स्कूल जाने लायक नहीं रहता।

अमन को ये हालात देखकर गहरा झटका लगा। उसने सोचा भी नहीं था कि दुनिया

में सुलेमान और मोहम्मद जैसे बच्चे भी हैं, जिन्हें सिर्फ एक बाल्टी लाने के लिए कड़ी धूप में मीलों पैदल चलना पड़ता है। जो इसी वजह से स्कूल का मुँह तक नहीं देख पाते। अब 19 साल के हो चुके अमन को वह टूर शायद कभी न भूले। इसी घटना की वजह से वह पानी के संकट पर शोध करने को मजबूर हुआ। इसमें उसे पता चला कि अफ्रीका ही नहीं, एशियाई विकासशील देश भी इस समस्या से जूझ रहे हैं। भारत भी इसमें शामिल है। इन देशों में हजारों-लाखों छोटे-छोटे बच्चों का जीवन पीने का पानी लाने में ही खप जाता है। दुबई में रहनेवाले अमन ने इससे पहले पानी की बरबादी के बारे में ही देखा-सुना था। लेकिन इस घटना ने उसे तसवीर का दूसरा पहलू दिखाया। उसने ब्रिटेन की संस्था 'वाटर एड' से संपर्क किया, क्योंकि वह इस क्षेत्र में काम करना चाहता था। जल प्रबंधन की पढ़ाई करते हुए वह ग्रामीण स्वास्थ्य के क्षेत्र में भी काम कर रहा है। इसी दौरान वह एडवर्ड से मिला। दोनों ने 'द एक्वा इनीशिएटिव' नाम से एक संस्था शुरू की। इसके करीब-करीब सभी सदस्य छात्र हैं। इसका मकसद है—'लोगों को जल संकट के प्रति जागरूक करना और उन्हें जरूरी कदम उठाने के लिए प्रेरित करना।' पिछले साल से इन बच्चों ने 'विश्व जल दिवस' पर अपने स्कूलों में कार्निवाल आयोजित करना शुरू किया है। इस आयोजन का मकसद जागरूकता फैलाने के साथ ही अपने सामाजिक कार्य के लिए फंड जुटाना भी है। फंड जुटाने के और भी तरीके ये लोग अपने रहे हैं। इनके जरिए अब तक 20 लाख रुपए इकट्ठे किए जा चुके हैं। इन पैसों का इस्तेमाल इथियोपिया, भारत, बँगलादेश जैसे देशों के ग्रामीण इलाकों में कुएँ खुदवाने में किया जा रहा है। भारत-बँगलादेश सीमा पर स्थित भारतीय गाँवों में पानी के 16 तथा बँगलादेश के गाँवों में 31 हैंड पंप लगाए जा चुके हैं। संस्था के दिए पैसों का इस्तेमाल इथियोपिया के 40 लोग पानी की आपूर्ति को दुरुस्त करने में कर चुके हैं। अमन मानते हैं कि अगर वे स्कूल की ओर से रवांडा और इथियोपिया के टूर पर न ले जाए गए होते तो वे इस गंभीर समस्या को कभी नहीं समझ पाते, न ही इसे हल करने की दिशा में सक्रिय हो पाते।

फंडा यह है कि आप युवाओं को किसी भी संवेदनशील समस्या के प्रति आंदोलित कर सकते हैं। फिर देखिए, वे कैसा परिवर्तन लेकर आते हैं! उनमें परिवर्तन लाने की ताकत तो है ही, वे सबसे शक्तिशाली संसाधन भी हैं।

□

सही जगह पर शिकायत करने से ही फायदा

जब कोई धोखा देता है तो आम तौर पर आप बेहद व्यथित हो जाते हैं। और जब कंप्यूटर सामने हो, आप फेसबुक पर लॉगइन कर चुके हों तो तय मानिए कि आपको भड़ास निकाल ही देनी है। आपका पोस्ट जारी होते ही आपके सर्किल के कुछ लोग आपको सांत्वना देंगे। कुछ मशविरा कि आप ऐसे किसी मौके पर अगली बार क्या करें? लेकिन कई ऐसे भी होंगे, जो कोई ध्यान नहीं देंगे। अनदेखा कर देंगे, क्योंकि वे उसे आपकी शिकायत के तौर पर देखेंगे। लेकिन यह कहानी एक ऐसी लड़की की है, जिसने अपनी शिकायत को कुछ अलग ढंग से पेश किया। यह वह तरीका है, जिस पर कम-से-कम एक बार आप भी सोचने पर मजबूर हो जाएँगे।

पूर्णिमा अय्यर सीतारमन, बेंगलुरु में बिल्कुल नई थीं। केरल के पलक्कड़ से वे यहाँ आई थीं। वे बेहद गुस्सेवाली हैं, लेकिन उनका यह स्वभाव रिक्शेवालों पर बेअसर था। वे रिक्शेवाले, जो कर्नाटक से बाहर के लोगों से हमेशा ही ज्यादा पैसे वसूलते हैं। घटना नौ जुलाई की है। दोपहर का वक्त था। पूर्णिमा ने बनेरघट्टा रोड पर स्थित फोर्टिस हॉस्पिटल से ऑटोरिक्शा किया। उन्हें इलेक्ट्रॉनिक सिटी, फेस-1 में इंटरव्यू के लिए जाना था। ऑटो (के ए 41 ए 1504) के ड्राइवर ने उनसे 300 रुपए माँगे। दूसरे ऑटोवाले मीटर से चलने के लिए मना कर चुके थे। पूर्णिमा के लिए समय बेहद कीमती था। लिहाजा उन्होंने इस ऑटोवाले से कोई मोलभाव नहीं किया। उन्होंने उससे सिर्फ इतना कहा कि वह सिल्क बोर्ड जंक्शन के रास्ते से चले, लेकिन ऑटोवाला उन्हें छोटे रास्ते से ले गया। इस रास्ते पर गड्ढों की भरमार थी। धूल और गंदगी भी भरपूर। इलेक्ट्रॉनिक सिटी पहुँचने तक पूर्णिमा के कपड़े मैले हो चुके थे। जॉब इंटरव्यू का सामना करनेवाले के लिए यह खासी शर्मिंदगी

की बात थी। इस पर ऑटोवाले ने उनसे 80 रुपए और माँग लिये। दलील यह दी कि उसे चार किलोमीटर ज्यादा चलना पड़ा है। पूर्णिमा के पास वक्त नहीं था। उनके इंटरव्यू का समय हो रहा था। इसलिए उन्हें मजबूरी में एक्स्ट्रा पैसे भी देने पड़े। लेकिन पूर्णिमा तय कर चुकी थीं कि वे इंटरव्यू के बाद इस झूठे ऑटोवाले को सबक सिखाकर रहेंगी। वे उस जॉब के लिए चुन ली गईं। अब उन्हें बेंगलुरु में ही रहना था। लिहाजा उनका दूसरा फोकस वह ऑटोवाला था। वे घर लौटीं। लेपटॉप खोला और अपने फेसबुक पेज पर रिक्शावाले की लूट और उसकी बदजुबानी की पूरी कहानी चस्पाँ कर दी। इसमें पुलिस पर भी आरोप लगाया। लिखा था कि ऑटोवाले अपनी हद इसलिए लाँघ पाते हैं, क्योंकि पुलिस ने आँख-कान बंद कर रखे हैं। उन्होंने इस बात पर भी जोर दिया था कि ऐसी ही घटनाएँ आगे चलकर महिलाओं के साथ दुष्कर्म जैसी वारदातों में तब्दील होती हैं। इस शिकायत में उनकी भाषा उत्तेजक थी, लेकिन शब्द मर्यादित।

इत्तेफाक से बेंगलुरु ट्रैफिक पुलिस के ऑफिशियल फेसबुक पेज पर भी पूर्णिमा की इस कहानी का लिंक पहुँच गया। पुलिस शिकायत को हल्के में नहीं ले पाई। उसे कारवाई करनी पड़ी। उसके अहं को तगड़ी चोट पहुँची थी इस शिकायत से। हुलिमावू पुलिस थाने के कांस्टेबल गोपाल कृष्णा को निर्देश दिया गया कि वह दो घंटे में आरोपी को ढूँढ़कर लाए। गोपाल ने महज आधे घंटे में उसे थाने में पेश कर दिया। ऑटो ड्राइवर से 1,100 रुपए का जुरमाना वसूला गया। उससे पूर्णिमा के नाम लिखित में माफीनामा भी लिया गया। यही नहीं, गोपाल ने ही अगले दो घंटे के भीतर उस माफीनामे को पूर्णिमा के घर पहुँचा दिया। इसके बाद जाहिर तौर पर पुलिस पूर्णिमा की ओर से कुछ तारीफ की अपेक्षा कर सकती थी। पूर्णिमा ने भी निराश नहीं किया और उसकी तारीफ में अपनी भावनाओं का फेसबुक पर खुलकर इजहार किया।

फंडा यह है कि अगर शिकायत ही करनी है तो सही जगह पर कीजिए। सही तरीके से भी, ताकि आपकी शिकायत बेकार न जाए। उस पर कारवाई हो। आपके काम में सोशल नेटवर्किंग भी मददगार हो सकती है। बशर्ते आप उसका सही इस्तेमाल करना जानते हों।

□

लक्ष्य प्राप्त करनेवाला ही विजेता

महेंद्र सिंह धोनी, भारतीय क्रिकेट टीम के कप्तान। उन्होंने गुरुवार को हुई ट्राई सीरीज में पूरी हिम्मत और धैर्य के साथ अकेले ही टीम को श्रीलंका के खिलाफ फाइनल में विजय दिलाई। विरोधी द्वारा 202 रनों का लक्ष्य मिला था। टीम इंडिया इसका पीछा कर रही थी। आठ विकेट पर सिर्फ 167 रन ही बन पाए थे। सफलता रेत की तरह हाथ से फिसल रही थी। लेकिन एमएस धोनी, जिन्हें 'मास्टर फिनिशर' कहा जाता है, उन्होंने आखिरी मौके का धैर्यपूर्वक इंतजार किया, उसकी योजना बनाई, संघर्ष किया और जीत गए। धोनी को पता था कि उन्हें लक्ष्य हासिल करने के लिए बस एक कमजोर बॉलर का इंतजार करना है। उन्होंने 49वें ओवर तक वही किया। दो सबसे अनुभवी बॉलर लसिथ मलिंगा और एंजेलो मैथ्यूज के दस-दस ओवर खत्म हो चुके थे। बस, एक कम अनुभवी बॉलर मैदान में आना था। जब हर रन जरूरी था, उस समय धोनी ने 49वें ओवर की आखिरी बॉल पर इशांत शर्मा के साथ दौड़ने को मना कर दिया। छह बॉल बची थीं और 15 रन चाहिए थे जीतने के लिए। धोनी ने बल्ला बदला। पहली बॉल मिस कर गए। लेकिन उसके बाद उन्होंने शामिंडा एरंगा को धोना शुरू किया। अपनी ही स्टाइल में खेलते हुए दो छक्के और एक चौका जड़ा और खिताब अपने कब्जे में कर लिया।

वे जबरदस्त ताकत के साथ गेंद पर प्रहार कर सकते हैं। यहाँ तक कि यॉर्कर भी बेकार साबित हो सकती है, अगर वह बेहद तेज गति ने न आ रही हो। कई बार धोनी के प्रशंसक उनके मैच धीमा खेलने पर शोर मचाने लगते हैं। एक मैच, जो मैं कभी नहीं भूल सकता, वह वर्ष 2006 में पाकिस्तान के खिलाफ लाहौर में खेला गया था। बॉलर के लिए उपयुक्त गद्दाफी स्टेडियम में 288 रनों का पीछा करना आसान नहीं था। दोनों टीमों ने चार-चार तेज गेंदबाजों को उतारा था। तेंडुलकर 95 रन बनाकर आउट हुए। उनके मैदान से बाहर जाने के बाद धोनी आए तो भारत का स्कोर पाँच विकेट पर 190

था। मुश्किल विकेट पर उन्होंने 46 गेंद पर 72 रनों की ताबड़-तोड़ पारी खेली। जब भारत जीता तो 14 गेंद फेंकी जानी शेष थीं।

एक और मैच, सन् 2005 में जयपुर में श्रीलंका के खिलाफ। इस बार भी लोगों ने इस 'ग्रेट फिनिशर' को देखा था। वीरेंद्र सहवाग, जो पाकिस्तान के मुल्तान में 300 रन बनाकर लौटे थे, 39 रन पर आउट हो चुके थे। धोनी तीसरे नंबर पर आए। 10 छक्कों और 16 चौकों की मदद से 183 रन बनाए। नाबाद रहे। 299 रनों का लक्ष्य प्राप्त किया। विरोधी को धूल चटाई। सन् 2003 में धोनी का जब नैरोबी में होनेवाले चतुष्कोणीय टूर्नामेंट के लिए चयन किया गया तो कई लोगों ने 'राँची के रैंबो' का विरोध किया। लेकिन उस समय भारत को एक अच्छा विकेटकीपर और बल्लेबाज चाहिए था। उस समय पार्थिव पटेल और दिनेश कार्तिक छिटपुट बेहतर प्रदर्शन ही कर पा रहे थे। ईस्ट जोन लॉबी इंग्लैंड के खिलाफ शतक बनानेवाले दीप दास गुप्ता को लाना चाहती थी। धोनी भी इसी लॉबी के थे। पर किरन मोरे ने एक निर्णय लिया और पिछले एक दशक से लोग 'ग्रेट फिनिशर' और हार के जबड़े से जीत को छीन लानेवाले को देख रहे हैं। व्यापार की भाषा में, जो सेल्समैन डील फाइनल करके कंपनी के लिए पैसा लाता है, वही उसका वाइस प्रेसीडेंट, सेल्स बनता है।

फंडा यह है कि व्यापार हो, कंपनी हो या देश''' लोगों का समूह हो या अकेला आदमी हो''' जो व्यक्ति फाइनल डील करता है और उसे फिनिशिंग लाइन तक ले जाता है, वही देश या कंपनी को फायदा या जीत दिलाता है। फिनिशर सिर्फ विजेता ही नहीं होते, वे यशस्वी भी होते हैं।

□

महिलाएँ दृढ हों तो पुरुषों से ज्यादा ताकतवर साबित हो सकती हैं

वह अपने घर में अकेली संतान थी। इसलिए उसे खूब लाड़-दुलार मिला। पढ़ाई-लिखाई भी अच्छी हुई। उसके परिवार के पास एक हिल स्टेशन पर बड़ी जमीन थी। उसमें कॉफी की खेती होती थी। इससे उसका परिवार समृद्ध लोगों की जमात में शामिल था। जब वह 17 साल की हुई तो उसके माता-पिता को चिंता हो गई। उन्हें अहसास हुआ कि उनकी बेटी तो अब शादी लायक हो गई है। उन्होंने उसके लिए योग्य लड़का ढूँढ़ना शुरू किया। किस्मत से उन्हें ऐसा लड़का मिल भी गया। जाहिर है, इसके बाद उन्होंने देर नहीं की। जैसे ही उसने 18 साल की उम्र पूरी की, उसके माता-पिता ने उसकी शादी कर दी।

उसकी पूरी दुनिया उसके पापा के इर्द-गिर्द ही घूमती थी। इसलिए वह भी शादी के लिए तैयार हो गई। हालाँकि वह कम उम्र में शादी को ठीक नहीं मानती थी। कुछ दिन तो उसकी शादीशुदा जिंदगी ठीक चली। लेकिन बाद में परेशानियाँ शुरू हो गईं। उसके ससुरालवालों ने उसे तानों-उलाहनों से परेशान करना शुरू किया। फिर कुछ दिन बाद मार-पीट भी करने लगे। लेकिन उसने अपने माता-पिता को भी इस बारे में कुछ नहीं बताया; क्योंकि वह नहीं चाहती थी कि यह सब जानकर उन्हें तकलीफ पहुँचे।

इसी बीच उसके ससुरालवालों ने उससे उसके बेटे को भी दूर कर दिया। अब वह संघर्ष में पूरी तरह अकेली रह गई थी। शादी के पूरे 13 साल तक यह सिलसिला चलता रहा। एक शाम जब उससे रहा नहीं गया तो वह पिता के घर चली आई। पूरे शरीर पर मार-पीट से आए चोटों के निशान चीख-चीखकर उस पर हुए जुल्म की कहानी कह रहे थे। पिता ने जब बेटी की यह हालत देखी तो वे धक् रह गए।

उन्होंने उसे दिलासा दी। अगले दिन वे एक दोस्त के पास गए। बेटी के साथ जो हुआ, वह सब कह सुनाया। फिर सलाह माँगी कि अब आगे क्या किया जाए? लेकिन वे घर लौट नहीं सके। दोस्त से मशविरे के बाद जब वे घर वापस आ रहे थे, रास्ते में ही उन्हें हार्ट अटैक आ गया। उस वक्त कार में उनके साथ सिर्फ ड्राइवर ही था। उसने अपनी तरफ से कोशिश की, लेकिन अपने मालिक को बचा नहीं सका।

ड्राइवर मालिक की बेजान देह लेकर घर पहुँचा। ससुराल में बेइंतहा तकलीफ झेल चुकी बेटी के लिए यह बड़ा झटका था। इन घटनाओं को गुजरे 12 साल हो चुके हैं। तमाम तकलीफों-मुश्किलों को मात देकर छाया ननजप्पा अब एक विजेता की तरह देश में पहचान बना चुकी हैं। वे देश की पहली महिला हैं, जो शहद तैयार करने का आधुनिक कारखाना चलाती हैं और 'नेक्टर फ्रेश' नामक कंपनी की मैनेजिंग पार्टनर हैं। 'नेक्टर फ्रेश' वह ब्रांड नेम है, जिसने शहद, नेचुरल जैम्स और सॉस की दुनिया में बड़े मापदंड स्थापित किए हैं।

छाया पिता की मौत के बाद कर्नाटक के कुर्ग में आ गईं और हॉस्पिटैलिटी इंडस्ट्री ज्वॉइन कर ली। चूँकि वे उद्यमी ही बनना चाहती थीं, इसलिए उन्होंने पहले-पहल एक छोटी औद्योगिक इकाई लगाई। उनकी यह औद्योगिक इकाई लोकल मार्केट में उच्च गुणवत्ता की शहद सप्लाई करती थी। हालात धीरे-धीरे बदलते गए। फिर एक वक्त ऐसा भी आया, जब उन्होंने 'नेक्टर फ्रेश' जैसे ब्रांड की नींव रख दी।

कंपनी 9 मार्च, 2014 से अपनी उत्पादन क्षमता और बढ़ा रही है। इसके बाद यूरोपियन यूनियन के देशों को भी यह उनकी जरूरत के हिसाब से शहद सप्लाई करने लगेगी। आज ताज और आईटीसी जैसे बड़े होटल समूह सिर्फ 'नेक्टर फ्रेश' के शहद को ही तरजीह देते हैं। छाया यूरोप के बाजार में पैर जमाने के बाद एक रेस्टोरेंट खोलना चाहती हैं, जहाँ कुर्ग इलाके के खास व्यंजन मिलते हों। इस रेस्टोरेंट में एक जगह ऐसी भी होगी, जहाँ ग्रामीण कलाकारों की बनाई गई चीजें मिलेंगी, खासकर महिलाओं के हाथ की बनी। छाया की एक इच्छा और है, वे बेटे को फिर हासिल करना चाहती हैं।

फंडा यह है कि महिलाओं को अगर चुनौती दी जाए तो वे पुरुषों से भी बेहतर साबित होती हैं। वे अपनी दृढता से इस पुरुष-प्रधान समाज में कुछ भी हासिल कर सकती हैं।

□

‘अभी या कभी नहीं’ वाले हालात में होता है सबसे बढ़िया प्रदर्शन

दिल्ली का त्यागराज इंडोर स्टेडियम। वहाँ 8 मार्च को ‘अंतरराष्ट्रीय महिला दिवस’ पर एक कार्यक्रम रखा गया था। इसके कुछ देर बाद ही वहाँ महिलाओं की दो टीमों के बीच बास्केटबॉल का मैच आयोजित था। ‘नेशनल वूमन बास्केटबॉल चैंपियनशिप’ का खिताब अपने नाम करने के लिए ये टीमें आपस में भिड़ रही थीं। इंडियन रेलवे और छत्तीसगढ़ की महिला टीमों के बीच मुकाबला था। जब से यह प्रतियोगिता शुरू हुई, रेलवे की महिला टीम 29 बार खिताब जीत चुकी थी। ताजा मैच में वह 38-45 से आगे थी, लेकिन छत्तीसगढ़ की टीम भी कमजोर नहीं थी। छत्तीसगढ़ की टीम में 21 साल की कविता कुमारी भी शामिल थीं। वे दुर्ग में रेलवे क्लर्क हैं। इसके बावजूद रेलवे ने अपनी टीम में शामिल करने लायक नहीं समझा। एक अन्य सदस्य पूनम चतुर्वेदी सिर्फ 18 साल कीं हैं। उन्हें ब्रेन ट्यूमर है और इसकी जानकारी उन्हें छह महीने पहले ही मिली। वे पिछले कुछ समय से लगातार खेल में बने रहने के लिए संघर्ष कर रही थीं। हालाँकि उन्होंने अपने खेल में नाटकीय तौर पर सुधार किया और अब वे छत्तीसगढ़ की टीम का हिस्सा हैं। साथ ही नेशनल जूनियर टीम की सदस्य भी। 8 मार्च का वह मैच आधा हो चुका था, तभी पूनम के सिर में तेज दर्द हुआ। हाफ टाइम के बाद उन्हें रिजर्व बेंच पर बैठना पड़ा। टीम के लिए पूनम बेहद अहम थीं। उनकी गैर-मौजूदगी से छत्तीसगढ़ की टीम पर काफी दबाव आ गया। टीम की कप्तान सीमा सिंह भी दबाव में नजर आ रही थीं। इसका नतीजा यह हुआ कि सीमा सिंह ने खेल के दौरान गलती कर दी। अंपायर ने उन्हें मैदान से बाहर कर दिया। अब वे भी रिजर्व बैंच पर बैठी हुई थीं। पूनम के पास अब कोई चारा नहीं था। तकलीफ के बावजूद उन्हें खेल में दोबारा उतरना

पड़ा। टीम के के लिए 'करो या मरो' जैसे हालात थे। 'अभी या कभी नहीं' जैसे भी।

छत्तीसगढ़ की टीम में न जाने कैसे अचानक जबरदस्त जोश का संचार हुआ। रेलवे की टीम पर उसने जोरदार हमले शुरू कर दिए। उसके डिफेंस को छिन्न-भिन्न कर दिया। हर हमले के बाद वे प्वॉइंट बनाकर लौट रही थीं। स्कोर बोर्ड की स्थिति भी तेजी से बदल रही थी। लेकिन इस तरफ उनकी नजर नहीं थी। वे रेलवे की टीम को सबक सिखाने के मूड में थीं। तभी मैच खत्म होने का संकेत देनेवाली सीटी बज गई। अब हर नजर स्कोर बोर्ड की तरफ उठ चुकी थी। छत्तीसगढ़ ने 81-77 से रेलवे की टीम को हरा दिया था। छिपा रुस्तम अब चैंपियन था। पिछले 12 साल में रेलवे की महिला टीम को पहली बार हार का सामना करना पड़ा था। मैच में पूनम के पिता और कोच लगातार उनका उत्साह बढ़ाते रहे। उन्हें हौसला देते रहे कि वह सबसे बढ़िया खेल रही हैं। इसका नतीजा यह हुआ कि उन्होंने तेज सिर दर्द को लगभग भूलते हुए मैच में सर्वश्रेष्ठ प्रदर्शन किया। सिर्फ पूनम ही नहीं, छत्तीसगढ़ की टीम के किसी भी सदस्य की जिंदगी सहज नहीं कही जा सकती। कप्तान सीमा सिंह (31) टीम की सबसे अनुभवी खिलाड़ी। वे 2002 में जूनियर नेशनल टीम में छत्तीसगढ़ प्रतिनिधित्व करती थीं, फिर रेलवे ज्वॉइन की।

रेलवे की टीम से सीमा कई खिताबी जीत की भागीदार बनीं। पर सन् 2010 में उनके घुटने में चोट लग गई। रेलवे ने उन्हें टीम से बाहर कर दिया। एक अन्य सदस्य हैं दीपा। सड़क पर फेरी लगानेवाले की बेटी हैं। हाइट कम है, इसलिए रेलवे ने उन्हें टीम में शामिल करने लायक ही नहीं समझा। छत्तीसगढ़ की टीम में आईं और खुद को साबित कर दिखाया। पुलिस कांस्टेबल की बेटी हैं, भारती नेताम। रेलवे की टीम से 10 साल तक खेलती रहीं, फिर अचानक टीम से बाहर कर दिया गया। हर टीम मेंबर की तरह उन्हें भी खुद को साबित करना था, और वे भी सफल रहीं।

फंडा यह है कि आपको अगर 'अभी या कभी नहीं' वाले हालात में डाल दिया जाए तो हताश मत होइए। हौसला रखिए; क्योंकि इन्हीं हालात में आपका सबसे बढ़िया प्रदर्शन भी सामने आ सकता है।

□

हमारे भाग्य के लिए हमेशा हालात जिम्मेदार नहीं होते

पूरा परिवार बँगलादेशी है। भारत में शरणार्थी के तौर पर आया था। वह छत्तीसगढ़ के उत्तर-पश्चिमी क्षेत्र में बसे कोरिया जिले में पहुँचा। उसने अपने बेटे का नाम आदिवासी कल्याण विभाग द्वारा संचालित स्कूल में दर्ज कराया। लेकिन उसके बेटे शुभ्रांशु का सरनेम गलती से 'चौधुरी' की जगह 'चौधरी' लिखा गया। यों भी शुभ्रांशु को स्कूल जाना पसंद नहीं था। उसे लगता था कि स्कूल जाने में कोई मजा नहीं है।

जाहिर है कि ऐसे में वह पढ़ाई में ध्यान नहीं देता था, इस वजह से अच्छे अंक लाने और जिंदगी में कुछ बनने को लेकर वह खास उत्साहित नहीं था। उसकी क्लास के अधिकांश साथी बड़े होकर माओवादी बन गए। ऐसे हालात के बावजूद यह कहा जा सकता है कि शुभ्रांशु ने काफी अच्छा किया। उसने रायपुर से पोस्ट ग्रेजुएशन की डिग्री हासिल की। इस साल 21 मार्च को 45 साल के भारतीय पत्रकार और एक्टिविस्ट शुभ्रांशु चौधरी को 'डिजिटल एक्टिविज्म अवॉर्ड' के लिए चुना गया है। उन्हें यह अवॉर्ड इस साल लंदन के बर्बिकान सेंटर में स्वतंत्रता की अभिव्यक्ति के लिए दिया जाएगा। शुभ्रांशु ने छत्तीसगढ़ में 'हायपर लोकल मोबाइल न्यूज प्लेटफॉर्म' की स्थापना की है।

उन्हें 'डिजिटल अवॉर्ड कैटेगरी' में नामांकित किया गया था। उन्हें लोगों के वोट के आधार पर विजेता घोषित किया गया है। इससे भी आश्चर्यजनक बात है कि उन्होंने इस मुकाबले में व्हिस्ल ब्लोअर एडवर्ड स्नोडेन और चीन की अनसेंसर सोशल नेटवर्क साइनाविबो को पीछे छोड़ दिया। लंदन के 'इंटरनेशनल इंडेक्स ऑन सेंसरशिप' की ओर से आयोजित इस अवॉर्ड के लिए दुनिया भर से चार श्रेणियों में बहादुर पत्रकारों, कलाकारों और एक्टिविस्ट में से चयन किया गया। इन श्रेणियों में फोन लगाना और

सुनना, फोन लगाना और रिपोर्ट करना, फोन लगाना, बोलना, फिर शिकायत दर्ज कराना और अंत में मिस काल देना शामिल था। चौधरी इससे पहले 'ब्रिटिश ब्रॉडकास्टिंग कॉर्पोरेशन' (बीबीसी) से दक्षिण एशिया प्रोड्यूसर के तौर पर 10 साल तक जुड़े रहे हैं। उन्होंने स्थानीय अखबारों में भी काम किया है। शुभ्रांशु आदिवासियों के साथ काम करते हैं। उनका मानना है कि महज एक व्यक्ति बोले और सभी सुनते रहें, इससे बेहतर स्थिति यह होनी चाहिए कि सभी को बोलने का मौका दिया जाए और सभी सुनें भी। इसी सोच की पैदाइश थी 'सीजीनेट स्वरा' की स्थापना। उन्होंने 'इंटरनेशनल सेंटर फॉर जर्नलिस्ट' की ओर से मिली 'नाइट इंटरनेशनल जर्नलिज्म फैलोशिप' के तहत इसकी स्थापना की। 'सीजी' का मतलब 'सेंट्रल गोंडवाना' और 'स्वरा' यानी 'आवाज'।

यह एक तरह से 'सिटीजन वॉइस' पोर्टल है, जिसमें हिंदी और गोंडी भाषा में छत्तीसगढ़ के स्थानीय आदिवासी अपनी रिपोर्ट देते हैं। इसमें प्रतिदिन 400 कॉल आती हैं, यानी 400 खबरें प्रतिदिन यहाँ आती है। फैक्ट को चैक करने और ट्रांसलेट करने के बाद वेबसाइट पर पोस्ट किया जाता है। अब तक वेबसाइट पर 4500 पोस्ट डाली जा चुकी हैं। 289,000 कॉलर अपनी शिकायतें या स्टोरी भेज चुके हैं। इसे टेक्नीकल असिस्टेंट स्टॉफ, मॉडरेटर, एडीटर आदि के लिए आर्थिक मदद 'यूएन डेमोक्रेसी फंड' से मिलती है। जल्द ही इन्हें 'मेलिंडा गेस्ट फाउंडेशन' से भी आर्थिक मदद मिलनेवाली है। आज के दौर में जहाँ लोग मोबाइल फोन का इस्तेमाल कर रहे हैं, शुभ्रांशु का मानना है कि क्यों न इसे ही लोकतांत्रिक और समान मीडिया के इंस्ट्रूमेंट के तौर पर चुना जाए। ऐसा होने पर ही सभी इसमें योगदान कर पाएँगे और इसका इस्तेमाल भी कर पाएँगे।

फंडा यह है कि हम बचपन और अपने हालात का चयन नहीं कर सकते। लेकिन हमें अपने जीवन में आगे क्या करना है और कैसे करना है, इसका निर्णय जरूर कर सकते हैं। आपको याद रखना होगा कि अपने जीवन की गाड़ी को आगे बढ़ानेवाले ड्राइवर केवल आप ही हैं, कोई अन्य नहीं।

□

आप खेलों से प्रबंधन के हर पहलू को समझ सकते हैं

अगर आप पैरेंट हैं और सोचते हैं कि खेलों से कभी-कभार ही कुछ सीखने को मिलता है, तो पढ़िए...कैसे यह प्रबंधन के पाठ सिखाता है।

मौके का सुनियोजित फायदा उठाए—दक्षिण अफ्रीका टी 20 वर्ल्ड कप के सेमीफाइनल में मजबूत स्थिति में था। पाँच ओवर में एक विकेट खोने के बाद उसने 43 रन बनाए थे। भारतीय कप्तान एमएस धोनी ने बॉल आर. अश्विन को सौंपी ताकि पावरप्ले का लाभ ले सकें। अश्विन द्वारा बॉलिंग में ज्यादा वैराइटी लाने की वजह से उनकी कई बार आलोचना भी होती है। अश्विन आए और उन्होंने फिंगर-बॉल लेग पर फेंकी। वह पिच पर पड़कर ऑफ स्टंप की तरफ बढ़ गई। हाशिम अमला न फ्रंट फुट पर आ सके, न ही बैकफुट पर जा सके। उन्हें सिर्फ बॉल के स्टंप से टकराने की आवाज सुनाई पड़ी।

कभी भी बड़े विरोधी से डरना नहीं चाहिए—आँकड़े बताते हैं कि दक्षिण अफ्रीका के 172 रन टी 20 अंतरराष्ट्रीय मैचों में दूसरा सबसे बड़ा चेज था। पर यह सबकुछ तभी हो सकता था, जब हाथ में विकेट हों और स्ट्राइक रोटेट होती रहे। संघर्ष कर रहे शिखर धवन के बजाय अंजिक्य रहाणे को मौका देना सही फैसला था। उन्होंने रोहित शर्मा के साथ मिलकर टीम को तेज शुरुआत दी। इस बड़े स्कोर का पीछा करने में यह बेहद मददगार साबित हुआ और बल्लेबाजों पर दबाव भी नहीं बना। सभी बल्लेबाज खतरनाक गेंदबाजों इमरान ताहिर और डेल स्टेन को शुरू में सँभलकर खेलते रहे। जमने के बाद उनको पीटना शुरू कर दिया। बल्लेबाजों ने मिलकर विरोधियों को 'डॉट बॉल' डालने का मौका ही नहीं दिया।

अपना हर कदम उपयोगी बनाएँ—विराट कोहली ने अपनी ओर फेंकी गई हर बॉल को उपयोगी बनाया। 44 गेंदों में से सात गेंदों का बेहतरीन उपयोग किया। पाँच पर उन्होंने चौके और दो पर छक्के जड़े। पर बाकी 37 बॉलों में उन्होंने एक या दो रन बटोरे। इसका मतलब यह कि उन्होंने अपनी ओर फेंकी गई हर बॉल को उपयोगी बनाया। हालाँकि पहली 16 गेंदों में वे एक भी बाउंड्री नहीं लगा पाए थे, पर एक या दो रन लेते रहे। धैर्यपूर्वक और शांतिपूर्ण तरीके से खेल रहे थे। इसीलिए पिच पर टिके रहे और जीत के सबसे बड़े भागीदार बने। टी 20 मैच में जो सबसे बड़ी बात सीखने को मिली, वो यह है कि आप भले ही बड़ा स्कोर न बना सकें। लेकिन लगातार रन बनाते रहना चाहिए, ताकि अंत में बड़ा स्कोर खड़ा हो सके।

अगर आप कप्तान हो तो अपने साथियों को श्रेय लेने का मौका दीजिए—जब 19वें ओवर की आखिरी बॉल फेंकी गई, तब भारत को जीत के लिए सिर्फ एक रन चाहिए था। स्ट्राइक पर कप्तान धोनी थे। वे चाहते तो डीप मिडविकेट में शॉट खेलकर जीत की औपचारिकता पूरी कर देते। लेकिन उन्होंने ऐसा नहीं किया। सुरक्षात्मक शॉट खेला। उनके इस रवैए से कोहली आश्चर्य में पड़ गए। फिर अगले ओवर की पहली गेंद को कोहली ने बाउंड्री के पार पहुँचा दिया। उसके बाद वे शेर की तरह दहाड़े। अगर धोनी विजयी रन बनाते तो कोहली दहाड़ने का मौका खो देते। धोनी का यह कदम उनके अच्छे लीडर और बेहतरीन कप्तान होने का उदाहरण है।

कोई नहीं दे सकता जीत की गारंटी—भारत के लिए रविवार को श्रीलंका से होनेवाला फाइनल मैच प्रतिष्ठा से जुड़ा होगा। धोनी पर क्रिकेट स्कैंडल का लगा घाव तभी भरेगा, जब वे श्रीलंका को हराकर चैंपियन बनेंगे। धोनी और विजयी प्रतिष्ठा के बीच सिर्फ एक मैच है। अगर भारत को मैच जीतना है तो उसे रविवार को अब तक सीखे सारे प्रबंधन के गुर आजमाने होंगे।

फंडा यह है कि कौन कहता है कि खेल से कभी कुछ सीखने को नहीं मिलता! खेल तो हमेशा प्रबंधन के पाठ पढ़ाते हैं। हमें आयोजकों की मेहनत को भी नहीं भूलना चाहिए, जिन्होंने मैदान को सिर्फ 22 घंटे में सुखा दिया।

□

कंपनियों में एचआर की भूमिका अब बदल गई है

राधिका ने छह महीने पहले ही बच्चे को जन्म दिया है। अभी कुछ समय पहले ही अपनी नौकरी फिर ज्वॉइन की है। उनके रुटीन में सप्ताह में तीन दिन डांस क्लास भी शामिल है। खास बात यह है कि उन्हें यह सुविधा ऑफिस की ओर से मिली हुई है। उनके ऑफिस के एचआर ने अपनी भूमिका बदली है। अब वह कर्मचारियों के स्वास्थ्य के साथ उनकी मानसिक और शारीरिक तंदुरुस्ती के मद्देनजर भी कार्यक्रम चला रहा है। राधिका की डांस क्लास ऑफिस ऑवर्स के बाद एक-डेढ़ घंटे की होती है।

मुंबई जैसे शहर में फिट रहना कोई आसान काम नहीं है। वहाँ मॉर्निंग या ईवनिंग वॉक के लिए भी जगह मिलना मुश्किल है। इसीलिए कई कंपनियाँ मानने लगी हैं कि उन्हें कर्मचारियों की तंदुरुस्ती बनाए रखने के लिए भी कुछ करना चाहिए। यह सोच गलत भी नहीं है। राधिका को ही देख लीजिए! वे डांस क्लास अटेंड करने के लिए रोज अपना काम समय से पहले ही पूरा कर लेती हैं। बच्चे के जन्म के बाद जब से उन्होंने ऑफिस ज्वॉइन किया है, सिर्फ उसके पहले जन्मदिन के दिन ही छुट्टी ली है। बाकी स्टाफ मेंबर्स का भी कमोबेश यही हाल है।

कम शब्दों में कहें तो कंपनियाँ अब कर्मचारियों के हर पहलू के बारे में सोच रही हैं। उनके बारे में जानना चाहती हैं। किसी को लगे कि यह शायद कुछ ज्यादा हो रहा है तो लंदन के रॉब सिम्स का उदाहरण सामने है। रॉब एनालिटिक फर्म 'द आउटसाइड व्यू' के मालिक हैं। वे कर्मचारियों के लिए 'बिग बॉस' जैसी भूमिका में हैं। मतलब 'बिग बॉस' की तरह कर्मचारियों की ज्यादातर गतिविधियाँ रॉब की निगाह में होती हैं। वे ध्यान रखते हैं कि उनके कर्मचारी क्या खाते हैं। वे वॉक पर जाते हैं या नहीं! पूरी

नींद सोते हैं कि नहीं, और वे कितने खुश रहते हैं। वे सभी कर्मचारियों को कुछ खास किस्म की एप्लीकेशन अपने मोबाइल पर डाउनलोड करने के लिए कहते हैं। एक कर्मचारी को दूसरे से सिर्फ इन्हीं के जरिए बात करने की इजाजत दी जाती है। ये एप्लीकेशन रॉब को भी हर कर्मचारी के बारे में पल-पल की जानकारी रखने में मदद करती हैं। कई बार कर्मचारी इसका विरोध भी कर देते हैं। लेकिन रॉब को लगता है कि इस तरह से वे कर्मचारियों की काम करने की क्षमता बढ़ाने में उनकी मदद कर पाते हैं। कुछ थोड़े-बहुत सुधार के साथ इसी तरह की स्थिति 'फॉक्सीमोरोंस' की है।

मुंबई के लोअर परेल में यह एक सॉल्यूशंस एजेंसी है। यहाँ कर्मचारियों को आजादी दी गई कि वे कंपनी की नई पहल 'फिटफॉक्स' को ज्वॉइन करें या नहीं। 'फिटफॉक्स' के तहत कर्मचारियों को फिट रहने के लिए सुविधाएँ और मौके दिए जाते हैं। इसमें योगा, डांस, जिम आदि सुविधा शामिल हैं। यहाँ भी बेहतर नतीजे सामने आ रहे हैं। कर्मचारी बीमारी के नाम पर कम छुट्टियाँ लेते हैं। भरपूर उत्साह के साथ काम करते दिखते हैं। चाय-कॉफी कम और पानी खूब पीते हैं। यही नहीं, इस ऑफिस में चीनी की खपत भी 60 फीसदी तक कम हो गई है। एक से दूसरे विभाग के बीच कोऑर्डिनेशन भी बेहतर हो गया है। इससे काम में देर होने की शिकायतें लगभग खत्म ही हो चुकी हैं; क्योंकि ऑफिस ऑवर्स के बाद फिटनेस संबंधी गतिविधियों के लिए सभी लोग आपस में मिलते हैं। इससे उनके बीच आपसी समझ भी बेहतर होती है।

फंडा यह है कि समय बदल चुका है। अब एचआर भी भूमिका भी बदल गई है। पहले यह डिपार्टमेंट सिर्फ कंपनी के कर्मचारियों की नियुक्ति, छुट्टी और तनख्वाह आदि से जुड़े मामले देखता था। अब उनकी फिटनेस का खयाल भी यह डिपार्टमेंट रख रहा है।

□

आप काम से पहचाने जाते हैं, लाइफस्टाइल से नहीं

हाजी मस्तान जिस तरह के झक्कास सफेद कपड़े पहनते थे, वह उनकी गतिविधियों से कतई मेल नहीं खाता था। लेकिन उनकी स्टाइल लोगों को इतनी पसंद आई कि कई फिल्मों में इसकी हू-ब-हू नकल की गई। अमिताभ बच्चन की दीवार भी ऐसी ही एक फिल्म थी।

सिगरेट पीनेवाला मस्तान अपनी मर्सिडीज में घूमते हुए नजर आता था, जिसे हमेशा उनका शोफर ही चलाता था। ऐसा कम ही होता था कि वह झक्कास कपड़ों में नजर न आए। वह फिल्म उद्योग में भी शामिल था और माना जाता है कि उसने एक फिल्म में पैसा लगाया था, जिसमें उसकी प्रेमिका की मुख्य भूमिका थी। उसने प्रेमिका को देव आनंद के घर के पास ही एक बँगला भी खरीदकर दिया था। मधुबाला और जीनत अमान के प्रशंसक रहे हाजी मस्तान की बॉलीवुड की मशहूर हस्तियों व राजनीतिक लोगों से भी खासी जान-पहचान थी।

उनका समकालीन डॉन मुन्नास्वामी वरदाराजन मुदलियार उर्फ 'वरदाभाई' भी अपने झक सफेद कपड़ों से बेहद प्यार करता था और सफेद सफारी सूट में पक्का दक्षिण भारतीय कारोबारी नजर आता था। तमिल समुदाय में हीरो माने जानेवाले 'वरदाभाई' का पार्टियों से खास लगाव था और वह अकसर पार्टियाँ देता रहता था। हमेशा दो बॉडीगार्ड से घिरा 'वरदा' अपनी प्रिय पद्मिनी प्रीमियर कार में घूमा करता था। वरदा के जीवन को आधार बनाकर मणिरत्नम की हिट तमिल फिल्म 'नायकन' और बाद में हिंदी फिल्म 'दयावान' बनी। माना जाता है कि ये दोनों ही फिल्में उसके जीवन को सिनेमा के परदे पर उकेरती हैं। अमिताभ बच्चन सरीखे बॉलीवुड के नामी लोग नियमित

तौर पर उसके 'गणेश उत्सव पंडाल' में जाते थे।

अब नए जमाने के गैंगस्टर दाउद इब्राहीम कासकर की बात करते हैं। वह व्यक्ति, जिसने अपराध की दुनिया के तमाम नियम खुद ही तैयार किए और अपराध का अपना साम्राज्य तैयार किया, उसने अपने पूर्ववर्ती सभी डॉन की लाइफस्टाइल अपना ली। वह भी सफेद रंग से खास प्यार करता था। दुबई में उसके आलीशान बँगले का नाम था, 'व्हाइट हाउस'। वह सफेद रंग की रॉल्स रायस में सवारी करता था। सफेद रंग की महँगी सिगरेट का शौकीन था, वह सफेद रंग की लाइटर और सफेद ही रंग का महँगा पेन रखा करता था। अरमानी सूट के बड़े प्रशंसक रहे, दाउद को जुआ खेलना बहुत पसंद था और वह लंदन व मोंटे कार्लो में नियमित तौर पर कैसिनो जाया करता था।

दाउद का करीबी व बाद में दुश्मन बना छोटा राजन अपने वरिष्ठों की तरह फैशनेबल तो नहीं था, लेकिन वह धंधे की बारीकियों को जल्द सीखता-समझता था। वह अपने लुक को लेकर काफी उतावला रहता था। वह खुद को घंटों शीशे के सामने खड़ा होकर निहारा करता था। इसके लिए उसने दुबई के अपने ऑफिस में एक बड़ा सा शीशा लगवाया था। सन् 1993 के 'मुंबई बम ब्लास्ट' कांड के बाद राजन ने दाउद का साथ छोड़ दिया और वह दुबई से मलेशिया चला आया। यहाँ उसने निजी ट्यूटर रखे, जो उसे अंग्रेजी बोलना और पढ़ना सिखाते थे।

अब्दुल करीम खान उर्फ 'करीम लाला' की अच्छा जीवन की चाह किसी से छिपी नहीं है। अपनी लंबाई और वेश भूषा में वह पठान सरीखा दिखता था और हमेशा पारंपरिक परिधान ही पहनता था। अकसर वह सफेद कपड़ों में नजर आता था, लेकिन पश्चिमी कपड़े भी नियमित तौर पर पहनता था। बॉलीवुड की पार्टियों में अकसर शिरकत करनेवाला 'करीम लाला' इंपोर्टेड स्कॉच और सिगरेट का कोटा पूरा करता था। उसकी खास स्टाइल की वजह से वह खास लोगों के दायरे में हमेशा ही बना रहता था। उसके खास दोस्तों में ग्लैमर की दुनिया के कुछ बड़े नाम होते थे। इनमें दिलीप कुमार और फिरोज खान महज कुछ नाम हैं। हालाँकि हिंदी फिल्मों से प्रेम रखनेवाले इस डॉन ने कभी भी उद्योग का बादशाह बनने की कोशिश नहीं की।

इन तमाम लोगों का स्मगलर या गैंगस्टर का धंधा और उनकी लाइफ स्टाइल के बीच हमेशा एक बड़ा विरोधाभास रहा। ये सभी हमेशा ही कानून की आँखों में अपराधी ही रहे, हालाँकि अपने झक्कास सफेद कपड़ों व लाइफ स्टाइल के चलते इनमें से कई

इस अहसास के साथ जीते रहे कि उनका सामाजिक स्तर बेहतर हुआ है। उन्होंने अपने स्तर को उठाने का कोई भी मौका कभी नहीं गँवाया। हमारा समाज हमेशा उनसे डरता रहा, लेकिन कभी भी उनकी इज्जत नहीं की।

फंडा यह है कि हम जिस समाज में रहते हैं, वह हमारे काम और जिस तरह हम जीते हैं, उसका सम्मान करता है। यह समाज हमारी लाइफस्टाइल से एक हद से ज्यादा कतई प्रभावित नहीं होता।

□

एक आइडिया ने हाउसवाइफ को बनाया बिजनेस पार्टनर

अभी एक दिन पहले ही 30 जनवरी को चेन्नई में एक नया रेस्टोरेंट खुला है, इसका नाम है—'पॉप अप'। करीब 60 लोग उद्घाटन के दिन यहाँ जुटे हुए थे रेस्टोरेंट में पेश व्यंजनों का स्वाद लेने के लिए। और कमाल की बात यह है कि इस रेस्टोरेंट में कोई भी डिश किसी पेशेवर रसोइए ने नहीं बनाई थी, न ही होटल मैनेजमेंट का कोर्स कर चुके किसी स्टूडेंट ने। 'होम शेफ गिल्ड' नाम की एक संस्था की सदस्यों ने ये व्यंजन तैयार किए थे। इस संस्था की सभी सदस्य हाउसवाइफ हैं। वे महिलाएँ, जिन्हें उनके घर या मोहल्ले के बाहर शायद ही कोई जानता हो। 'होम शेफ गिल्ड' बनाने का आइडिया पहली बार केपी बालाकुमार के दिमाग में आया। केपी 'फूड ब्लॉगर' हैं। मूल आइडिया यह था कि घरेलू महिलाओं को एक कॉमन प्लेटफॉर्म मिले। जहाँ वे अपनी-अपनी पसंदीदा डिशेस की रेसिपी एक-दूसरे के साथ शेयर कर सकें। धीरे-धीरे यह प्लेटफॉर्म एक यूनिट की तरह काम करने लगा। यहाँ से बेकरी के उत्पाद तैयार किए जाने लगे। बिकने भी लगे। सभी महिला सदस्य एक-दूसरे के लिए छोटी-मोटी इवेंट का आयोजन करने लगीं। यह सिलसिला दो साल चला।

फिर अब 'पॉप अप फूड आउटलेट' का प्रयोग सामने आया। गिल्ड की सदस्य इन महिलाओं को उनके घरों की बड़ी-बुजुर्ग महिलाओं ने कई डिशेस बनाना सिखाया। जैसा कि देश के हर घर में होता है। महिलाओं की तरह ये भी इन डिशेस की रेसिपी अपने घर तक ही रखे रहतीं, अगर उन्हें यह प्लेटफॉर्म न मिलता। ज्यादा नहीं तो एक-दो मिसाल ही ले लेते हैं। हाउसवाइफ पी. आरती ने पहली बार आंध्र प्रदेश की एक नॉनवेज डिश अपने पति को बनाकर खिलाई। वह उन्हें बेहद पसंद आई। इसके बाद से जब भी उनके

घर कोई पार्टी होती, यह डिश जरूर बनती और मेहमानों को परोसी जाती।

इसी तरह एक और हाउसवाइफ हैं—नाज। उन्हें उनके परिवार में शाही पनीर का विशेषज्ञ माना जाता है। इन दिनों ये दोनों ही (पी. आरती और नाज) 'गिल्ड' की सदस्य हैं और जाहिर तौर पर उनकी ख्याति उनके घर की चहारदीवारी से बाहर आ चुकी है। ऐसी ही कहानियाँ 'गिल्ड' की बाकी सदस्यों की हैं। सबकी सब खुश हैं। उनका खुद पर भरोसा भी बढ़ा है। ऐसे ही संदेश रेड्डी का 'सिग्नेचर रेस्टोरेंट' अपने रेगुलर विजिटर्स, खासकर हाउसवाइफ को एक मौका दे रहा है। वे जहाँ कहीं से भी किसी नई डिश के बारे में जानकारी जुटा सकते हों, जुटाएँ।

फिर उनकी रेसिपी को घर पर ट्राइ करें। अपने घर के लोगों, रिश्तेदारों को टेस्ट कराएँ। अगर वह डिश घर पर पॉपुलर हो जाए तो उसे रेस्टोरेंट में आकर ट्राई करें। इस तरह देश के अलग-अलग इलाकों की डिशेस इस रेस्टोरेंट में आजमाई जा रही हैं। खाने के शौकीनों को किस्म-किस्म की चीजों का स्वाद मिल रहा है। संदेश मानते हैं कि हाउसवाइफ में गजब का टेलेंट होता है। खासकर खाना बनाने-खिलाने के मामले में। वे घर के लोगों, बच्चों को हमेशा कुछ नया बनाकर खिलाना पसंद करती हैं। इसीलिए संदेश उन्हें हाउसशेफ कहते हैं, न कि हाउसवाइफ। 'होम शेफ गिल्ड' अब अगली योजना पर काम कर रहा है। शहर के बाकी रेस्टोरेंट के साथ टाईअप करने की कोशिश की जा रही है, ताकि गिल्ड की सदस्य कम-से-कम सप्ताह में एक बार वहाँ जाकर अपनी खास डिशेस बनाकर पेश कर सकें। हो सकता है कि अब भी कई लोगों को यह आइडिया प्रैक्टिकल न लगे। लेकिन आपको बता दें कि अमेरिका में ऐसे कई रेस्टोरेंट हैं, जहाँ खाना बनानेवाले कोई रेगुलर कर्मचारी नहीं हैं। वे महज हाउसवाइफ या कहिए हाउसशेफ की विशेषज्ञता का लाभ उठाकर ही चल रहे हैं। वहाँ ट्रेंड शेफ कभी-कभार ही आते हैं।

फंडा यह है कि हाउसवाइफ बिजनेस पार्टनर भी हो सकती हैं। बशर्ते आप तयशुदा दायरे से बाहर जाकर कुछ सोच पाएँ। बिजनेस में इस तरह आप बिना कुछ खर्च किए इन हाउसवाइफ के तौर पर अच्छे एंप्लॉई और शुभचिंतक भी पा सकते हैं।

□

न्याय के लिए आंतरिक पड़ताल जरूरी है

पहला केस—मुंबई में साईं कूरियर सर्विस के मैनेजर अमित सोनी 14 नवंबर, 2013 को सुबह 10.45 बजे अपने कलबादेवी के ऑफिस से निकले। उनके साथ हीरों के 60 पैकेट भी थे। ड्राइवर मुस्तफा शेख गाड़ी चला रहा था। रास्ते में उन्हें पुलिस की वरदी पहने दो लोगों ने रोका। उन्होंने आरोप लगाया कि वह (मुस्तफा) तेज रफ्तार से गाड़ी चला रहा है। अभी वे दोनों मुस्तफा और अमित से बात ही कर रहे थे कि तभी उनका साथी अमित की कार में बैठ गया। उसने हीरों के पैकेट उठाए और अपनी गाड़ी से भाग निकला। इस बीच वे खाकी वरदीवाले भी गायब हो गए। लूट हो चुकी थी।

रिपोर्ट होते ही पुलिस ने पड़ताल शुरू कर दी। एक अफसर ने अमित और मुस्तफा के अलग-अलग कमरों में बयान लिये। उन दोनों के लगभग सभी बयान एक जैसे थे, सिर्फ एक को छोड़कर। अमित ने बताया था कि जहाँ लूट हुई, वहाँ से कुछ देर पहले ही मुस्तफा हाइवे के बाईं तरफ कम रफ्तार से गाड़ी चला रहा था। इसीलिए जब पुलिस की वरदीवाले लुटेरों ने उन्हें तेज रफ्तार गाड़ी चलाने के आरोप में रोका तो उसे अचरज हुआ। जबकि मुस्तफा ने बताया कि उस वक्त ट्रैफिक काफी ज्यादा था। एक अन्य गाड़ी में एक कपल बैठा हुआ था। वे लोग अजीब हरकतें कर रहे थे। इसलिए उसे गाड़ी धीमी करनी पड़ी। पुलिस को मुस्तफा के बयान पर शक हुआ। शक की दो वजहें थीं। पहली तो यह कि सुबह के वक्त ट्रैफिक ज्यादा नहीं होता। और दूसरी कि उसने यह नहीं बताया था कि वह एक खास जगह पर धीमी रफ्तार से गाड़ी चला रहा था। पुलिस ने मुस्तफा का कॉल रिकॉर्ड खँगाला। पता चला कि उसने अपने भाई को डायमंड के मूवमेंट के बारे में बताया था। इसके बाद सभी परतें खुलती गईं। पता चला कि मुस्तफा के भाई की दो पुलिसवालों से दोस्ती थी। उसने साजिश में उनको शामिल किया। दो अन्य लोगों की भी मदद ली। केस हल हो चुका था। पुलिस ने लूटे गए हीरे

बरामद करके उन्हें ज्वैलर्स को लौटा दिया था।

दूसरा केस—बेसहारा पति-पत्नी की दुखद दास्तान। महिला की बहन ने बच्चे को जन्म दिया था। वह पति के साथ बहन के घर गई। वहाँ से दोनों लौट रही थीं कि लुटेरों के चंगुल में फँस गए। लुटेरों ने पहले दोनों की खूब पिटाई की, फिर पति को पेड़ से बाँध दिया। उसकी आँखों के सामने ही पत्नी से दुष्कर्म कर गला रेत दिया और कीमती सामान लूटकर भाग गए। घटना सुनने-समझने में एकदम सीधी-सादी लगती है। और ऐसी कि कोई भी नहीं चाहेगा कि इस तरह की घटना किसी के भी साथ हो। पुलिस ने जाँच शुरू की। पति का बयान लिया। लेकिन जितनी बार वह अपनी कहानी सुनाता, उसमें कुछ-न-कुछ फर्क होता। पुलिस को इससे उस पर शक हो गया। सख्ती बरती गई तो उसने सच कबूल लिया। नासिक के रहनेवाले इस 32 साल के भरत रामदास ने माना कि उसने खुद 27 साल की अपनी पत्नी शीतल की हत्या की है। किसी दूसरी महिला के साथ उसका अवैध संबंध था। इससे 11 साल पुराने शादीशुदा रिश्ते में दरार बढ़ती जा रही थी। तंग आकर एक महीने पहले उसने पत्नी को मार दिया। इस तरह यह केस भी पुलिस ने सुलझा लिया।

लेकिन इन दोनों कहानियों में समानता क्या है? पुलिस ने शिकायत करनेवाले से ही घटना की जानकारी कई बार ली। पहले मामले में दो शिकायतकर्ता थे—अमित और मुस्तफा। दोनों को अलग-अलग बिठाकर पूरी कहानी बार-बार पूछी गई। दूसरे केस में भरत पर भी पुलिस ने यही तरीका आजमाया। बयानों की तुलना की गई। और यहीं से सुराग मिल गया। इन दो कहानियों की सीख यह है कि डिपार्टमेंटल इंक्वायरी करते समय भी यही तरीका आजमाया जा सकता है। खासकर जब किसी सख्त बॉस के खिलाफ उसके मातहत शिकायतें कर रहे हों। इससे मुकदमा साफ-सुथरा संभव हो पाएगा।

फंडा यह है कि एचआर के लोगों को कभी-कभी पुलिसिया तरीके भी आजमा लेने चाहिए, ताकि वे किसी डिपार्टमेंटल इंक्वायरी में पक्षपातपूर्ण तरीकों से बच सकें।

□

कंपनियों की तरह जिंदगी को भी दे सकते हैं नई दिशा

वह हर हाल में पढ़ना चाहती थी, लेकिन उसकी इच्छा के विपरीत उसका स्कूल छुड़वा दिया गया। उसके परिवार के सामने दो ही विकल्प थे। पहला, उसकी शिक्षा पर खर्च करना। दूसरा, उसकी शादी कर देना। परिवार ने दूसरे विकल्प को ज्यादा बेहतर समझा। उन्हें चिंता थी कि अगर शादी नहीं हुई तो समाज क्या कहेगा? आखिरकार 18 वर्ष की उम्र में उसकी शादी कर दी गई। शादी के वक्त वह 12वीं तक भी नहीं पढ़ सकी।

कम उम्र में हुई शादी के कारण जल्द ही उस लड़की का परिवार बढ़ गया। 24 साल की होने से पहले ही वह तीन बच्चों की माँ बन चुकी थी। खयाल रखनेवाला पति अब उसे मारने-पीटने लगा और एक दिन शराबी पति ने उसे घर से निकाल दिया। अब बच्चों और अपनी जिम्मेदारी उसे खुद ही निभानी थी।

बच्चों को अपने पैरों पर खड़ा करने के लिए उसने बतौर घरेलू नौकरानी और 'बार' में काम किया। उसका केवल एक ही मकसद था कि बच्चे भले ही भूखे रह जाएँ, लेकिन उनकी पढ़ाई किसी हाल में न रुके। एक दिन 'बार' में काम करते वक्त उसने अपने मालिक की बातें सुनीं। मालिक अपने कर्मचारियों के साथ बिजनेस को एक नया रूप देने की चर्चा कर रहा था। इसके बाद उसके दिमाग में विचार कौंधा कि अगर बुरे दौर के बाद बिजनेस को नया रूप दिया जा सकता है तो जिंदगी को भी बदला जा सकता है।

आखिरकार 22 साल बाद 39 की उम्र में उसने 'यशवंतराव चव्हाण महाराष्ट्र ओपन यूनिवर्सिटी' में प्रवेश लिया। जीवन में कई कठिनाइयों से गुजरी सुरेखा धुले नाम

की इस महिला ने 12वीं के समकक्ष की परीक्षा में दूसरा स्थान हासिल किया। 'महाराष्ट्र घरेलू कामगार कल्याण बोर्ड' की मदद से सुरेखा ने अपनी अधूरी शिक्षा पूरी की। अब वह वकील बनने की राह पर है। सुरेखा का मकसद अपने जैसी दूसरी महिलाओं की मदद करना है। जिनकी जिंदगी परिस्थितियों के कारण कठिनाइयों के भँवर में उलझ जाती है। 'महाराष्ट्र घरेलू कामगार कल्याण बोर्ड' सुरेखा जैसी महिलाओं के बच्चों की शिक्षा के लिए भी आर्थिक मदद करता है।

जीवन में आए इस परिवर्तन के बाद सुरेखा एक बार फिर आत्मविश्वास से भर गई। सुरेखा ने घर पर पेपर प्लेट बनाने का व्यवसाय शुरू किया। अब सुरेखा की योजना निकाय चुनावों में हिस्सा लेने की है। सुरेखा के मुताबिक अगर वह कॉर्पोरेटर बनती है तो इलाके के सरकारी स्कूलों में बच्चों को और अच्छी शिक्षा दिलाने के लिए काम करेगी।

सुरेखा का लक्ष्य बेहद सीधा है। जिंदगी को नई दिशा देने में उसे पाँच साल लगे। इनमें तीन साल शिक्षा पूरी करने में लगे। इस बीच पेपर प्लेट व्यवसाय से उसकी आर्थिक जरूरतें पूरी होती रहीं। घरेलू कामगार कहलाने के लिए वह एक-दो घरों में काम करती रही। वकालत की पढ़ाई पूरी करने के बाद सुरेखा की योजना बार काउंसिल में रजिस्ट्रेशन कराकर प्रैक्टिस करने की है। भविष्य के इस खाके को सुरेखा ने एक कागज पर उकेरकर भी रखा है, जिसे उसने एक दीवार पर टाँगा हुआ है।

वह हर दिन अपने लक्ष्य को पढ़ती है। सुरेखा के बैच में 350 लोग और हैं, जो युवावस्था में अपनी जिंदगियों को सही आकार नहीं दे पाए, लेकिन अब उन्होंने इस ओर कदम बढ़ा दिए हैं। हर किसी की अपनी योजनाएँ और लक्ष्य हैं, जिसे पाने के लिए वे मेहनत कर रहे हैं।

फंडा यह है कि जीवन में किसी भी उम्र में रुकावटें आ सकती हैं, लेकिन थोड़ी सी मदद और पक्के इरादे के साथ जिंदगी को फिर से नई दिशा दी जा सकती है। याद रखें कि जिस तरह से एक कंपनी अपने में बदलाव ला सकती है, वैसे ही कोई व्यक्ति भी अपनी जिंदगी को बदल सकता है।

□

आपके हुनर को कोई नहीं दबा सकता

कोलकाता के रहनेवाले अभय सिंह चायपत्ती का छोटा सा कारोबार चलाते हैं। उनका बेटा गानों पर डांस करने का शौकीन था। अभय सिंह जब भी अपने चार साल के बेटे को किसी सिने स्टार की तरह डांस करते हुए देखते तो उनकी हैरानी का ठिकाना नहीं रहता। लेकिन बेटे के इस हुनर को बढ़ावा देने में सबसे बड़ी समस्या पैसों की थी। अभय को अपने बेटे में डांस आर्टिस्टवाला सुपर स्पार्क तो नजर आता था, लेकिन आर्थिक परेशानी के अलावा एक और समस्या भी थी। उनके बेटे का वजन काफी ज्यादा था। वह एकदम ढोल जैसा लगता था। इसी वजह से लोग अकसर उसकी खिल्ली भी उड़ाया करते थे। इससे बेअसर उस छोटे से बच्चे ने तय किया कि वह इन्हीं खिल्ली उड़ानेवालों के सामने खुद को एक दिन साबित करेगा और अपने माता-पिता का नाम भी रोशन करेगा।

अभय का वही बेटा अब आठ साल का हो गया है। इस बच्चे ने सबसे पहले पढ़ाई में दक्षता हासिल की। उसने अपने परिणाम इतने अच्छे कर लिये कि इसके लिए उसे अपने स्कूल से स्कॉलरशिप भी मिलने लगी। इससे उसके पिता का आर्थिक बोझ थोड़ा कम हुआ। पढ़ाई में दक्षता हासिल करने के बाद उसने अपने सबसे बड़े जुनून डांस पर ध्यान देना शुरू किया। उसने कड़ी-से-कड़ी मेहनत की और इस क्षेत्र में भी महारत हासिल करके ही दम लिया। कुछ महीने पहले सेकेंड क्लास के इस बच्चे ने फेमस टीवी प्रोग्राम 'इंडियाज गॉट टेलेंट' के मंच पर डांस के अपने हुनर का जबरदस्त प्रदर्शन किया। चुलबुल पांडे की ड्रेस में बेबी स्कूटर पर सवार इस बच्चे ने जब हिप-हॉप डांस के विंडमिल, फ्रीज, हेड स्पिन जैसे शानदार मूव्स दिखाए तो शो के तीनों जज भी दाँतों तले उँगली दबाने को मजबूर गए। डांस के दौरान उसने एक भी बीट नहीं छोड़ी और समय का अच्छा इस्तेमाल किया। उसकी प्रतिभा का जादू ऐसा चला कि शो

देखने आए दर्शकों ने खड़े होकर उसके लिए तालियाँ बजाईं। तब से इस बच्चे ने रुकने का नाम नहीं लिया है। वह लगातार अपने हुनर का जलवा बिखेरता आ रहा है। कभी ब्रेक डांस तो कभी टपोरी डांसवाले उसके छोटे-छोटे वीडियो इंटरनेट पर लाखों हिट्स बटोर रहे हैं। ये वीडियो सोशल मीडिया में भी काफी लोकप्रिय हो चुके हैं। इतना ही नहीं, इस बच्चे ने अपनी प्रतिभा से विदेशी मीडिया का ध्यान भी अपनी तरफ खींचा है। 'मिरर', 'द हफिंगटन पोस्ट' और 'इंडिपेंडेंट' जैसे बड़े अखबारों ने उसके हुनर पर लेख लिखे। सीएनएन ने उसकी यू ट्यूब क्लिप का प्रसारण किया। यहाँ तक कि उसके डांस स्टेप्स को साल 1943 में जनमे ब्रिटेन के रॉक स्टार जैगर से भी बेहतर बताया।

कोलकाता के इस नन्हे डांस मास्टर का नाम है अक्षत सिंह। यह आजकल अमेरिका में क्रद एलेन डीजेनेरस शोज की शूटिंग में व्यस्त है। एक घंटे के इस चर्चित टॉक शो में कई मुद्दों पर बात की जाती है। अमेरिकी राष्ट्रपति बराक ओबामा और फुटबॉलर डेविड बैकहम जैसी हस्तियाँ इस शो का हिस्सा बन चुकी हैं। शो का यह 14वाँ सीजन है। इसकी शुरुआत अक्षत सिंह से होगी। जो इस शो में हिस्सा लेनेवाले सबसे कम उम्र के भारतीय हैं। अक्षत सलमान के बहुत बड़े फैन हैं।

फंडा यह है कि अगर आप में हुनर है तो कोई भी उसे दबा नहीं सकता। यहाँ तक कि गरीबी भी उसके आगे बौनी है। कभी-न-कभी दुनिया आपके हुनर से रू-ब-रू होती है। जिंदगी में किसी का हुनर जल्दी सामने आ जाता है, किसी के हुनर को सामने आने में थोड़ी देर लगती है।

□

स्वतंत्र उद्यमी काम का बाजार ढूँढ़ ही लेते हैं

पहली कहानी—बेंगलुरु की एक आईटी कंपनी में उसने पंद्रह साल काम किया। पहाड़ों पर चढ़ने का शौक था। इसलिए बेंगलुरु और उसके आस-पास की कोई पहाड़ी ऐसी नहीं बची, जहाँ वह चढ़ी न हो। सिंगल इंजन एयरक्राफ्ट की भी वह सर्टिफाइड फ्लायर है। ट्रेवलिंग और एडवेंचर उसका पैशन है। लेकिन उसे जल्द ही इस बात का अहसास हुआ कि इस तरह के काम अकेले करने में कोई मजा नहीं। कोई-न-कोई साथ होना चाहिए, जो उसके साथ पहाड़ की ऊँचाई पर बैठकर दूर कहीं डूबते सूरज की खूबसूरती देख सके। यही सोचकर उसने 15 साल पुरानी नौकरी छोड़ दी और अप्रैल 2012 में 'ब्यूटीफुल जर्नी' नामक एक कंपनी स्थापित की। शुरुआत में उसने कंपनी महिलाओं और पुरुषों दोनों के लिए थी। लेकिन 2012 के ही सितंबर महीने में कंपनी को पूरी तरह महिलाओं की टीम के रूप में तब्दील करने का फैसला कर लिया।

अब ज्योति नायर की 'ब्यूटीफुल जर्नी' नाम की यह कंपनी पूरी तरह महिलाओं की टीम बन चुकी थी। जाहिर है, अब आयोजित की जानेवाली ट्रेवलिंग और एडवेंचर ट्रिप में कोई पुरुष सदस्य नहीं था। इसलिए पहली बार इस तरह की ट्रिप में ज्योति काफी नर्वस थीं। डरी हुई थीं। ट्रिप में जानेवाली सभी महिलाएँ एक-दूसरे से अनजान थीं। ज्योति ने इस ट्रिप की शुरुआत में लंबी इंट्रोडक्टरी स्पीच दी। लेकिन जल्द ही ज्योति की सभी आशंकाएँ गलत साबित हुईं। ट्रिप के लिए जैसे-जैसे महिला सदस्य बस में चढ़ती गईं, वे एक-दूसरे के साथ सहज होती गईं। कुछ ही देर वे सभी एक-दूसरे से अपने अनुभव बाँट रही थीं। गाने गा रही थीं। फिर तो इस ट्रिप का सिलसिला आम हो गया। साल भर के भीतर अब आलम यह है कि इस कंपनी की 22,000 सदस्य

हो चुकी हैं। इनमें से किसी को सुरक्षा वगैरह की भी कोई खास फिक्र नहीं है।

ज्योति चाहती हैं कि उनकी कंपनी की सदस्य सबकुछ भुलाकर सिर्फ मजे करें। इस कंपनी में और उसकी ट्रिप में देश के किसी भी हिस्से की महिलाएँ शामिल हो सकती हैं। दोस्तों का भारी-भरकम नेटवर्क इस कंपनी की रीढ़ है। कंपनी की एक कोर टीम भी है। इसमें 28 लड़कियाँ हैं। ये देश के अलग-अलग हिस्सों में रहती हैं। महिलाओं की ट्रिप जिस दिशा में जाती है, वहाँ मौजूद कोर टीम की सदस्य इसके लिए रहने-खाने, घूमने-फिरने का इंतजाम करती है। मसलन, अगर ट्रिप देश के पश्चिमी इलाके में जा रही है तो पुणे में मौजूद कोर टीम की सदस्य उसकी गाइड होती हैं। कंपनी की सदस्यों को भले ही अपनी सुरक्षा की ज्यादा फिक्र न हो, लेकिन ज्योति ने इस मसले को सर्वोच्च प्राथमिकता पर रखा है। वे कहीं भी ट्रिप ले जाने से पहले उस स्थान की पूरी रेकी करती हैं। सुनिश्चित करती हैं कि ट्रिप पर जानेवाली महिलाएँ जहाँ रुकें, वह जगह सुरक्षित हो। वे रात आठ बजे तक अपने रुकने के ठिकाने पर किसी भी हाल में लौट आएँ आदि।

दूसरी कहानी—अगले तीन सप्ताह में दार्जिलिंग के विख्यात मॉल और चौरस्ता में 'फ्री वाई-फाई जोन' की सुविधा मिलने लगेगी। चूँकि यहाँ ज्यादातर होटलों में इंटरनेट सुविधा नहीं मिलती। ऐसे में 'फ्री वाई-फाई जोन' शुरू होने से पर्यटक ज्यादा आकर्षित होंगे। यहाँ आनेवाले 40 फीसदी टूरिस्ट कोलकाता और पश्चिम बंगाल के होते हैं। इनमें से कई पर्यटक तो बिना रिटर्न टिकट के ही आते हैं। दार्जिलिंग में ही उन्हें ऑनलाइन एयर या रेल टिकट हासिल करने के लिए खासी मशक्कत करनी पड़ती है। फोन पर रोमिंग की वजह से इंटरनेट का अधिक इस्तेमाल भी उनके लिए सुविधाजनक नहीं है। काफी खर्चीला है। ऐसे में 'फ्री वाई-फाई जोन' उनके लिए बड़ी राहत साबित हो सकती है। यह जोन 300 मीटर का एरिया कवर करेगा। कोई भी यूजर बिना पासवर्ड के ही इसका इस्तेमाल कर पाएगा।

फंडा यह है कि स्वतंत्र सफल उद्यमी होने के लिए जरूरी है, सही बाजार की पहचान। बाजार की समस्याओं को समझना और उनके समाधान के तौर पर अपने प्रोडक्ट को पेश करना।

□

दीवानगी हो तो कुछ भी पाना मुश्किल नहीं

पहली कहानी—पुणे के राघव कृष्णन (11), भरत चव्हाण (12) और रोहित सावंत (16) जल्द ही 'लिम्का बुक' में जगह बना सकते हैं। वे शुक्रवार को शहर की बालकल्याण संस्था में स्थित एक स्वीमिंग पूल में लगातार 13 घंटे तक तैरनेवाले हैं। इसके लिए वे कई महीनों से कड़ा प्रशिक्षण ले रहे हैं। इन तीनों बच्चों में खास बात यह है कि ये तीनों ऑटिज्म से पीड़ित हैं। ऐसे बच्चों को गुस्सा बहुत आता है। उनमें बहुत ऊर्जा होती है। ज्यादातर लोग ऐसे बच्चों को नियंत्रित रखने के लिए दवाइयों की मदद लेते हैं। लेकिन इन बच्चों के माता-पिता ने इनकी ऊर्जा को सकारात्मक दिशा देने की सोची। बच्चों को भी यह पसंद आया। उनमें प्राकृतिक रूप से काफी ऊर्जा थी ही। लिहाजा वे जुट गए एक लक्ष्य हासिल करने में। उनका मकसद यह भी है कि उन्हें इस काम से समाज में ज्यादा स्वीकार्यता मिले।

दूसरी कहानी—विशाल भारद्वाज के बारे में कहा जाता है कि वे अंग्रेजी साहित्यकार शेक्सपीयर के उपन्यासों से प्रेरित होकर फिल्में बनाते हैं। लेकिन अब वे एक वास्तविक जीवन से जुड़ी घटना पर फिल्म बनाने जा रहे हैं। यह 'कंधार विमान अपहरण कांड' पर आधारित होगी। आतंकी संगठन 'हरकत-उल-मुजाहिदीन' ने इंडियन एयरलाइंस के विमान का काठमांडू से अपहरण किया था। बाद में भारत सरकार को इस विमान के यात्रियों की जान के एवज में खतरनाक आतंकी छोड़ने पड़े थे। इस घटना पर बननेवाली विशाल की फिल्म की स्क्रिप्ट तैयार है। हालाँकि विशाल अभी 'हैदर' की शूटिंग कर रहे हैं। विशाल ऐसा रिकॉर्ड बनाना चाहते हैं, जो बॉलीवुड में अब तक नहीं बना। हॉलीवुड की ऑस्कर जीतनेवाली 'क्रअर्गोञ्ज' के जैसी फिल्म

बनाने का उनका लक्ष्य है। यह फिल्म एक थ्रिलर थी। यह अमेरिकी फौजों द्वारा इराक में चलाए गए एक राहत अभियान की सच्ची घटना पर आधारित थी।

तीसरी कहानी—अहमदाबाद का हिदायतुल्ला सैयद मध्यमवर्गीय परिवार से ताल्लुक रखता है। उसके पिता शिक्षक हैं। उसने कॉलेज की पढ़ाई पूरी करने के बाद कॉम्पटीटिव एक्जाम देने का फैसला किया था, लेकिन वह इसके लिए कोचिंग नहीं ले पाया। इसलिए उसने ऐसे लोगों से संपर्क साधा, जो उसकी मदद कर सकते थे। लेकिन उन लोगों ने उसकी मदद नहीं की। फिलहाल वह जीवन बीमा निगम में प्रोग्रामर के तौर पर काम कर रहा है। लेकिन लोगों के असहयोग को वह भुला नहीं सका और उसने अपनी तरह के बच्चों की मदद करने की ठानी।

साल 2006 में उसने 22 बच्चों को 'गुजरात पब्लिक सर्विस कमीशन' की परीक्षा के लिए कोचिंग देना शुरू किया। पहले ही बैच में यहाँ से कोचिंग हासिल करनेवाले 18 बच्चों का सिलेक्शन हो गया। इस सफलता ने उसका हौसला बढ़ाया कि वह जरूरतमंद बच्चों को मुफ्त में प्रतियोगी परीक्षाओं के लिए गाइडेंस दे। लेकिन वह अकेला यह काम नहीं कर सकता था। तब सैयद ने अपने अंकल शाहजी मियाँ चिश्ती से बात की। वे उसके आइडिया से काफी प्रभावित हुए।

शाहजी मियाँ रायखड़ के 'राह-ए-खैर गर्ल्स हायर सेकेंडरी स्कूल' के संस्थापक थे। उन्होंने सैयद को इस स्कूल में अपने संस्थान के लिए दो कमरे इस्तेमाल करने की इजाजत दे दी। इस तरह 2008 में सैयद की 'सरोवर एजुकेशन सोसाइटी' की स्थापना हुई। सैयद के संस्थान में गरीब बच्चों के लिए मुफ्त पढ़ाई की पेशकश की जाती है।

बदले में हर बच्चे से एक वादा लिया जाता है कि वह प्रतियोगी परीक्षा में पास होकर दिखाएगा। साथ ही परीक्षा पास करने के बाद वह भी दूसरे बच्चों की मदद करेगा। 'सरोवर एजुकेशन सोसाइटी' से अब तक 400 बच्चे निकल चुके हैं। ये केंद्र और राज्य सरकार के विभिन्न विभागों में अहम पदों पर काम कर रहे हैं। इन सफल स्टूडेंट्स में से कई अन्य गरीब बच्चों को पढ़ा भी रहे हैं। सोसाइटी की अब तीन शाखाएँ खुल चुकी हैं। ये रायखड़, कालूपुर और जुहापुरा में हैं। सोसाइटी की ओर से पूरे राज्य में जब-तब 'कॅरियर गाइडेंस वर्कशॉप' भी चलाई जाती हैं।

फंडा यह है कि अगर आप में दीवानगी है तो कुछ भी हासिल करना मुश्किल नहीं। हर चीज आपके लिए सहज हो जाएगी।

□

पहले अपर क्लास को लुभाएँ, फिर मध्यम वर्ग को

देश की कई मशहूर व महँगी रेस्तराँ चेंस आमदनी बढ़ाने के लिए अपने रेस्तराँ की किफायती ब्रांच खोल रही हैं। जहाँ मीडियम क्लास के लोग भी जायकों का लुत्फ ले सकें। ऐसी ही एक प्रीमियन फूड चेन है 'ओह कलकत्ता'। जिसने हाल ही में मीडियम क्लास को ध्यान में रखते हुए 'कलकत्ता एक्सप्रेस' नाम के आउटलेट्स खोले हैं। दिल्ली की प्रीमियम फूड चेन 'पंजाबी बाय नेचर' ने 'पंजाबी बाय नेचर क्विकी' आउटलेट्स लॉन्च किए हैं। मशहूर फूड एक्सपर्ट जिग्स कालरा ने भी 'कायलिन प्रीमियर' का स्मॉल वर्जन 'कायलिन एक्सप्रेस' लॉन्च किया है। ऐसे ही एक और फूड चेन 'येती' ने 'येती एक्सप्रेस' लॉन्च की है।

इनसे साफ होता है कि मेहमानवाजी और खाने-पीने के बिजनेस में दो बड़े बदलाव हो रहे हैं। एक तो देश की रईस आबादी का रुझान धीरे-धीरे शाकाहार की तरफ बढ़ रहा है। दूसरा देश का मध्यम वर्ग ऐसे ब्रांडेड रेस्तराँ की तरफ आकर्षित हो रहा है, जहाँ उसकी जेब पर ज्यादा भार न पड़े।

देश के टॉप 100 अमीर लोगों की सूची में शामिल अंबानी, धूत, मूर्ति, गोयनका, बिड़ला और मित्तल जैसी ज्यादातर हस्तियाँ शाकाहारी हैं। इन जैसे लोगों के लिए 'ताज' और 'ओबरॉय' जैसे बड़े होटल्स ने इस एलीट क्लास के लिए खास तरह के शाकाहारी रेस्तराँ शुरू किए हैं।

वहीं दूसरी तरफ मध्यम वर्ग से ताल्लुक रखनेवाली आबादी का एक बड़ा तबका ऐसा भी है, जो ब्रांडेड रेस्तराँ के किफायती आउटलेट्स की ओर आकर्षित हो रहा है। लिहाजा बड़ी फूड चेंस टियर टू और टियर थ्री शहरों का रुख कर रहे हैं। हालाँकि इनमें

प्रॉफिट तो कम होता है, लेकिन ग्राहकों की बड़ी संख्या के कारण ये अपना मार्जिन प्रॉफिट निकाल ही लेती हैं। देश का हाई-ऐंड मार्केट अभी पूरी तरह से तैयार नहीं हुआ है, लेकिन टेस्ट के लिए हर वर्ग का नजरिया तेजी से बदल रहा है। लोग बाहर खाने के लिए पैसा देने को तैयार हैं। इसे भाँपते हुए फूड बिजनेस से जुड़े कारोबारी इस ट्रेंड को पकड़कर चल रहे हैं। ये अपने स्टाफ, सुविधाओं और इंफ्रास्ट्रक्चर के खर्च को कम रखते हुए छोटे शहरों का रुख कर रहे हैं। इनके मेन्यू में जापानी, पेरु, कैंटोनीज और फ्रेंच डिशेज शामिल होती हैं, जो फूड सेक्टर में नई जान फूँकनेवाली साबित हो रही हैं।

इटली की एक कंपनी ने हाल ही में गुजरात में 12 फूड चेन खोली हैं। इस चेन का बिजनेस काफी अच्छा चल रहा है। कंपनी ने मुंबई में सिर्फ दो चेन खोली हैं, वो भी गुजराती बाहुल्य इलाके में। कंपनी का फोकस सिर्फ मिडिल क्लास शाकाहारी गुजराती समुदाय पर है।

इस तरह की कंपनियों पर आर्थिक तेजी या मंदी का कोई असर नहीं पड़ता है। इनका फोकस सिर्फ दो तरह के ग्राहकों पर होता है। पहले वे, जो खास उत्पाद के लिए ज्यादा पैसे खर्च करने को भी तैयार रहते हैं। दूसरे वे, जो किफायती दामों पर ब्रांडेड उत्पाद खरीदना या इस्तेमाल करना चाहते हैं। 'एपल' कंपनी भी इसका अच्छा उदाहरण है। कंपनी पहले सिर्फ प्रीमियम वर्ग को फोकस कर फोन बनाती थी, लेकिन अब उभरते बाजारों में मौजूदगी दर्ज कराने के लिए 'एपल' ने आईफोन के सस्ते वर्जन भी लॉञ्च किए हैं।

फंडा यह है कि देश की टॉप फूड चेन की रणनीति संकेत देती है कि पहले एक खास वर्ग के लिए उत्पाद बनाएँ और फिर उसके किफायती वर्जन से आम लोगों को जोड़ा जाए तो बिजनेस में क्लास और क्वांटिटी, दोनों को बरकरार रख सकते हैं। ऐसा करने से एलीट और मिडिल दोनों ही वर्ग के ग्राहक आपसे जुड़े रहेंगे।

□

पहचान बनाना चाहते हैं तो अनजानी राहों पर चलें

कहानी 1—जब कभी सड़क पर किसी सिग्नल या फिर किसी रेस्तराँ के बाहर कोई भूखा बच्चा हमसे कुछ खाने के लिए माँगता है तो सामान्य तौर पर हम फौरन कुछ पैसे या फिर बचे हुए खाने को उसे दे देते हैं। लेकिन बेंगलुरु के तीन विद्यार्थियों और एक एंगत्रेप्रेन्योर ने तय किया कि इतने भर से काम नहीं चलेगा। उन्होंने 'दान' करने की इस सहज प्रक्रिया को एक अभियान की शक्ल दे दी, जिससे सहानुभूति का संदेश सभी ओर फैले और यह चंद लोगों की बजाय ज्यादा-से-ज्यादा लोगों की संवेदना को झकझोरे।

सन्मुख मेहता, राहुल जैन, दीक्षित भट (सभी 19 वर्ष के) तथा रोहिथ सुब्रमनियम पिछले सप्ताह एक लघु फिल्म की शूटिंग से लौट रहे थे, तभी सड़क पर एक छोटा सा बच्चा तेजी से दौड़ते हुए उनकी ओर आया और कुछ खाने के लिए माँगने लगा। पहली नजर में देखने से ही पता चल रहा था कि उस बच्चे को वास्तव में भूख लगी है और उसे खाना ही चाहिए, पैसे नहीं। उससे बात करते समय पता चला कि उस दिन उसका जन्मदिन भी था। बस फिर क्या था, चारों ने एक प्लेकार्ड निकाला और उस पर लिखा, आज मेरा जन्मदिन है, मुझे दावत दें। इस प्लेकार्ड के साथ वे चारों उस बच्चे के साथ एक अंतरराष्ट्रीय कैफे आउटलेट की ओर मुँह करके खड़े हो गए।

शुरुआती 20 मिनट में कुछ खास नहीं हुआ। कुछ लोग आए, रुके, प्लेकार्ड देखा और आगे बढ़ गए। कुछ ने पूछा, किसका जन्मदिन है, पता चला कि बच्चे का, तो वे भी आगे बढ़ गए। करीब 25 मिनट बाद कुछ अनजान लोग पहुँचे और बच्चे को खाने का ऑफर दिया। लेकिन कैफे के मैनेजर ने बच्चे को अंदर घुसने से रोक दिया, इस पर चारों ने दखल देकर मैनेजर से अनुमति ले ली। इसके बाद उन्होंने बच्चे से पूछा कि वह कहाँ बैठना चाहता है? बच्चे ने सकुचाते हुए एक सोफे की ओर इशारा किया। वहाँ दो

अजनबियों ने बच्चे के लिए एक मफिन केक लिया और उसपर मोमबत्तियाँ भी लगा दीं। इससे बच्चा बेहद खुश हुआ और सोफे पर बैठकर आराम से पूरा केक खाया। इस दौरान चारों कैफे में खड़े रहे और पूरे वाकए की फिल्म बना ली।

अब उन चारों ने फैसला लिया कि वे हर शनिवार को ऐसा ही करेंगे, ताकि सहानुभति का संदेश ज्यादा-से-ज्यादा फैलाया जा सके और चंद लोगों की बजाय ज्यादा लोगों की संवेदना जगाई जा सके। वे केवल यह चाहते हैं कि कुछ लोगों की जिंदगी सामान्य से थोड़ी ज्यादा खुशहाल हो सके।

कहानी 2—बिहार के एक युवा कुमुद रंजन की डॉक्यूमेंटरी फिल्म को दक्षिण कोरिया के ह्यूंडे-गु में 2 से 11 अक्तूबर तक होने जा रहे 19 वें बूसान अंतरराष्ट्रीय फिल्म समारोह में शामिल होने का मौका मिला है। कुमुद एक 80 मिनट लंबी डॉक्यूमेंटरी के सिनेमेटोग्राफर भी हैं। इस फिल्म का नाम है 'फुटप्रिंट्स इन डेजर्ट', यह भारत-पाकिस्तान सीमा पर रहनेवाले लोगों की जिंदगी पर आधारित है। इस फिल्म में एक अहम चरित्र है अब्दुल, जिसकी उम्र 85 साल की है। उसकी पैरों के निशान पढ़ने की काबिलियत कमाल की है, वे महज इन निशानों को देखकर बता देते हैं कि इन निशानोंवाला व्यक्ति सीमा पार गया है या नहीं।

कुमुद पहली बार तब सामने आया, जब उसने गया के 'पर्वत पुरुष' के तौर पर माने जानेवाले स्व. दशरथ माँझी पर 26 मिनट की एक डॉक्यूमेंटरी बनाई थी। पहाड़ को काटकर रास्ता बनानेवाले माँझी पर बनी यह फिल्म 2011 में रिलीज हुई थी। इसे मुंबई अंतरराष्ट्रीय फिल्म समारोह-2012 तथा उसी साल केरल अंतरराष्ट्रीय फिल्म समारोह में भी दिखाया गया था। सूचना एवं प्रसारण मंत्रालय के निर्देश पर फिल्म्स डिवीजन ने इस फिल्म के लिए मदद की थी।

बीते दस सालों से एक सामान्य सरकारी कर्मचारी का यह बेटा कई डॉक्यूमेंटरी फिल्मों से जुड़ा है—प्रोड्यूसर, सिनेमेटोग्राफर, रिसर्चर तथा निदेशक के तौर पर। इनमें से कई डॉक्यूमेंटरी को अंतरराष्ट्रीय फंडिंग एजेंसी, अंतरराष्ट्रीय टीवी चैनल्स, विभिन्न राज्य सरकारों व केंद्र सरकार की मदद मिली है।

फंडा यह है कि हर युवा चाहता है कि वह दूसरों की नजरों में आए, उसकी पहचान बने। लेकिन यह तभी संभव है, जब वे ऐसी सड़क पर यात्रा करने को तैयार हों, जो अनजानी हो, जिस पर उनसे पहले कोई और नहीं गया हो।

□

नए-पुराने को मिला दें तो जीवन स्तर बेहतर हो सकता है

ये सिर्फ दो आइडिया हैं। पहला, यह कि उन्हें अच्छा और स्वास्थ्यवर्धक भोजन करने के लिए कहें। और दूसरा कि इमरजेंसी में आधुनिक मेडिकल सुविधा मुहैया कराएँ। अगर ये दो चीजें हो जाएँ तो गरीबों के मौजूदा हालात बहुत बेहतर हो सकते हैं। लेकिन हम सब जानते हैं कि करने के मुकाबले यह कहना बहुत आसान है। लेकिन दो लोग ऐसे भी हैं, जिन्होंने अपने-अपने तरीकों से यह कर दिखाया है।

पहले आइडिया पर काम किया है 'सेवाय चिल्ड्रन ट्रस्ट' के ई. गोपालकृष्णन ने। वे तमिलनाडु के त्रिची में रहते हैं। एग्रीकल्चर ग्रेजुएट हैं। उन्होंने 1987 में ग्रेजुएशन पूरा किया। पढ़ाई के दौरान ज्यादातर समय खेतों में गुजारा, ताकि फसलों से जुड़े विज्ञान को सीख-समझ सकें। उन्हें पूरा यकीन है कि आज की युवा पीढ़ी उन कई पत्तेदार सब्जियों के बारे में जानती तक नहीं, जिन पर भारत में खूब रिसर्च हो चुकी है। अपने यकीन के चलते उन्होंने बच्चों को पढ़ाने का फैसला किया। उनके घर के पीछेवाले हिस्से में ऐसी कई सब्जियाँ लगी हैं, जो पहले कभी खाई जाती थीं, अब नहीं। हाँ, आजकल उन्हें टीवी पर महँगे शैंपू आदि को बनाने में इस्तेमाल होनेवाले घटक के तौर पर जरूर दिखाते हैं। दावा किया जाता है कि इससे बालों का झड़ना, टूटना रोका जा सकता है। कई पौधों के उदाहरण दिए जा सकते हैं।

मसलन 'एसिस्टेसिया जेंजेटिका'। पौष्टिक तत्त्वों से भरपूर यह पौधा अब सजावट का सामान बनकर रह गया है। इसी तरह 'इपोमोया सेपीरिया'। यह पौधा जमीन और पानी दोनों में उग सकता है। इसे महिलाओं की बीमारियों और उनमें बाँझपन दूर करने के लिए इस्तेमाल किया जाता था। 'बेलून वाइन' (कार्डियोस्पेरमम

हैलीककैबम) नामक पौधा ज्वलनरोधी है। इस पर अमेरिकी अंतरिक्ष एजेंसी 'नासा' रिसर्च कर रही है। जापान भी बेलून वाइन पर रिसर्च कर रहा है। लेकिन भारत में हमने इस पौधे को घास-फूस समझ लिया है। इसके गुणों पर रिसर्च करने की बात तो दूर है। गोपालकृष्णन त्रिची आने से पहले मदुरै में थे। वहाँ पढ़ाई के दिनों में उन्होंने प्राकृतिक चीजों का इस्तेमाल कर तरह-तरह के व्यंजन बनाने भी सीखे। इसी अनुभव का इस्तेमाल कर उन्होंने मदुरै में एक रेस्तराँ भी खोला है। यहाँ इसी तरह के पौष्टिक व्यंजन मिलते हैं।

उन्हें पूरा यकीन है कि कोई भी व्यक्ति जीवन और जीवनशैली को टिकाऊ तथा बेहतर बना सकता है, बशर्ते वह ग्रीन लिविंग अपना ले। यानी प्रकृति के साथ दोस्ताना जीवनशैली। चाहे वह खान-पान हो या रोजमर्रा के जीवन से जुड़े अन्य किसी मामले में। गोपालकृष्णन के दोस्त उनके कई आइडिया पर हँसते हैं। लेकिन पत्नी उन्हें पूरा सहयोग देती हैं। उनके हर आइडिया को वे घर पर आजमाती हैं। लागू करती हैं। दूसरे आइडिया पर काम कर रहा है 'आरोग्य सेवा' नाम का एक अन्य संगठन। यह संगठन इसी महीने 11 तारीख को बना है। कई गाँव हैं, जहाँ लोगों ने आज तक डॉक्टर नहीं देखे। ऐसे ही कई डॉक्टर हैं, जिन्होंने कभी गाँवों का रुख नहीं किया। यह संगठन ऐसे ही दो धड़ों के बीच पुल का काम कर रहा है। इस बेहद मुश्किल से मिशन को हाथ में लिया है 30 साल के दयाप्रसाद जी. कुलकर्णी ने। कुलकर्णी मानते हैं कि बहुत से डॉक्टर जरूरतमंदों को सेवाएँ मुफ्त में देना चाहते हैं। बस, उन्हें अनुकूल माहौल देने की जरूरत है। कुलकर्णी के संगठन की खूबसूरती है लचीलापन। यानी इसमें कोई भी, किसी भी स्वरूप में योगदान दे सकता है। उदाहरण के लिए कोई आम आदमी यहाँ मरीजों के कागजात तैयार करने में मदद कर सकता है। दूर देश से डॉक्टर 'स्काइप' के जरिए मरीजों को इलाज सुझा सकते हैं। यह संगठन सरकार के साथ भी तालमेल करके काम कर रहा है, ताकि प्राथमिक स्वास्थ्य केंद्र व सरकारी अस्पतालों से टाईअप किया जा सके। कॉरपोरेट सेक्टर से माली मदद ली जा रही है। पैथोलॉजी लैब, दवाइयों की दुकानों और नर्सिंग कम्युनिटी से भी संगठन संपर्क कर रहा है। उन्हें भी अपने साथ जोड़ रहा है। अब तक करीब 500 डॉक्टर सहयोग के लिए इस संगठन के साथ आ चुके हैं।

फंडा यह है कि पुराने जमाने की जो सबसे अच्छी चीजें हों, उन्हें अपनाया जाना चाहिए। साथ ही आधुनिक आइडियाज पर काम करते हुए उन्हें भी लागू किया जाना चाहिए, ताकि जीवनशैली को बेहतर किया जा सके। खासकर उन लोगों की, जिनकी माली हालत बहुत बेहतर नहीं है।

□

ध्यान खींचना है तो कुछ अलग दिखना होगा

पहली कहानी—देश में रोज हो रहे कंस्ट्रक्शन के काम को इकट्ठा कर दिया जाए, उसका आकलन किया जाए तो पता लगेगा कि भारत में हर साल अमेरिका की शिकागो सिटी के बराबर निर्माण हो जाता है। इसी बीच यह भी मालूम चलेगा कि देश में हरी-भरी जगहें, पार्क, बच्चों के लिए खेल के मैदान लगातार कम हो रहे हैं। कई शहरों में लंबे-लंबे फ्लाईओवर तो बने हुए हैं, लेकिन उनका बेहतर उपयोग करना अब भी हम लोगों को नहीं आया है। हालाँकि कुछ शहरों में फ्लाईओवरों के नीचे पार्किंग स्पेस बनाए गए हैं। कहीं-कहीं नगरीय निकायों के ऑफिस बने हैं। मुंबई में ट्रैफिक पुलिस चौकियाँ भी बनाने की योजना है।

लेकिन मुंबई और बेंगलुरु में इस दिशा में कुछ अलग भी हो रहा है। डिजाइन और आर्किटेक्चर के स्टूडेंट्स ने इंटर्नशिप प्रोजेक्ट के तहत यह काम किया है, ताकि फ्लाईओवरों का बेहतर इस्तेमाल किया जा सके। न्यूयॉर्क की कोलंबिया यूनिवर्सिटी के 'स्कूल ऑफ आर्किटेक्चर' का एक प्रोजेक्ट है। इसके तहत बेंगलुरु के आनंद राव सर्किल फ्लाईओवर पर मिनी पार्क और बच्चों के लिए प्लेइंग जोन बनाया गया है। पहले इस जगह पर कचरा फेंका जाता था। अब वेस्ट मटेरियल का ही इस्तेमाल कर खूबसूरत पार्क तैयार कर दिया गया है। इसे पार्क और प्लेइंग जोन बनाने में मेहनत भी खुद स्टूडेंट्स ने ही की है।

पार्क बनाने में ज्यादातर बेकार चीजों का इस्तेमाल किया गया है। फ्लाईओवर के पिलरों पर पीले रंग का पेंट किया गया है। इनके इर्द-गिर्द बड़ी खूबसूरती से बेलें चढ़ाई गई हैं। बाकी पौधे भी इस तरह के लगाए गए हैं, जिन्हें दिन में दो बार ही पानी देने की जरूरत पड़े। इस आइडिया ने बेंगलुरु के नगरीय निकाय के अफसरों को भी सोचने पर मजबूर कर दिया है। अब उनकी सोच की दिशा यह है कि फ्लाईओवर के नीचे की खाली पड़ी जगहों को क्रिएटिव और खूबसूरत तरीके से कैसे इस्तेमाल किया जा सकता

है! यहाँ तक कि ये लोग अपने मास्टर प्लान की समीक्षा के लिए भी तैयार हो गए हैं।

इसी तरह का काम मुंबई में हुआ है—आंबेडकर रोड माटुंगा पर। यहाँ के रहवासियों ने फ्लाईओवर के नीचे की 1.6 किलोमीटर की लंबाईवाली जगह को बेहतरीन जॉगिंग ट्रैक में बदल दिया है। पूरे ट्रैक के इर्द-गिर्द प्लांटेशन भी किया गया है, ताकि हरियाली का अहसास बना रहे।

दूसरी कहानी—सड़कों पर लोग अकसर जल्दबाजी में होते हैं। एक-दूसरे से आगे निकलने की जल्दी रहती है। हर कोई प्रतिस्पर्धा करता नजर आता है। जैसे सोच रहा हो कि कैसे कौन पहले अपनी तय जगह पर पहुँचेगा, देखते हैं! लोगों को यह समझाना बेहद मुश्किल है कि लोग घर से तय समय से पाँच मिनट पहले निकलें, ताकि उन्हें अपनी निर्धारित जगह पर पहुँचने में जल्दबाजी न करनी पड़े और वे वहाँ समय पर पहुँच सकें। लेकिन अहमदाबाद पुलिस ने ट्रैफिक कंसल्टेटिव कमेटी की मदद से इस दिशा में एक अनोखा अभियान चलाया है, ताकि लोगों को बेसिक ट्रैफिक रूल्स और इससे जुड़ी दूसरी चीजों के बारे में जागरूक किया जा सके।

क्या किया गया? एक नाव में पहिए लगाए गए। नारे लिखे हुए बैनर और पैंपलेट वगैरह लगाकर उसे सड़क पर उतार दिया गया। उन्होंने नाव पर पहिए लगाने का तरीका इसलिए चुना, क्योंकि इससे निश्चित तौर पर लोगों का ध्यान खिंचेगा। इस बहाने वे बैनर और पैंफलेट पर लिखे नारे वगैरह पढ़ ही लेंगे। और निश्चित तौर पर इससे कुछ-न-कुछ असर भी होगा ही।

तीसरी कहानी—यह किस्सा अहमदाबाद के ही 'वी-इनोवेट' सोशल रिसर्च फाउंडेशन से जुड़ा हुआ है। इसने एक एप्लीकेशन बनाई है, नाम है, 'सेव बर्ड।' इसके जरिए संस्था ने इस संक्रांति पर पहले की तुलना में ज्यादा पक्षियों की जिंदगी बचाई है। यह एप्लीकेशन मोबाइल फोन पर डाउनलोड की जा सकती है। यूजर्स और संस्था के वालंटियर्स के बीच यह समन्वय बनाए रखती है। समन्वय इसलिए कि जल्दी से किसी घायल पक्षी को मेडिकल हेल्प पहुँचाई जा सके। इसके जरिए नजदीकी वालंटियर को तुरंत अलर्ट भेजा जा सकता है। यही नहीं, वालंटियर भी एप पर उपलब्ध मैप के जरिए जल्द-से-जल्द मौके पर पहुँच पाता है।

फंडा यह है कि अगर आप चाहते हैं कि ज्यादा-से-ज्यादा लोग आपके प्रोडक्ट की तरफ ध्यान दें तो कुछ अलग करना होगा। कोशिश इस बात की भी करनी होगी कि आपका प्रोडक्ट ज्यादा-से-ज्यादा लोगों के काम आए।

□

इतिहास की कहानियों से पार्टी में लाएँ रंगत

पहली कहानी—हाल ही में एक पुस्तक मेरे हाथ लगी। सन् 1903 में प्रकाशित 'विविध वाणी'। पारसी पकवानों की रेसिपी। 1,500 पेज की पुस्तक में सिर्फ 57 तरह से केक बनाने की विधि है। लेकिन मावा केक कैसे बनता है, यह नहीं बताया।

परिवार से दूर रह रहे यायावर कर्मचारियों के लिए सस्ते ईरानी कैफे में मावा केक हमेशा से पसंदीदा मिष्टान्न रहा है। सन् 1900 के दौर में दूध पाश्चुरीकृत नहीं था। फ्रिज भी नहीं थी। गरमी और नमी से बचाने के लिए दूध को बार-बार उबाला जाता था। इससे मावा भी बनता था। ईरानी रेस्तराँ इसी अतिरिक्त मावे से 'मावा केक' बनाने लगे।

दूसरी कहानी—खंडाला और लोणावला की पहाड़ियाँ करजत और पुणे के बीच रेलवे ट्रैक बिछाने में बड़ी बाधा बन गई थीं। दरअसल, मजदूर पहाड़ी चढ़ने से थक जाते थे। इससे प्रोजेक्ट में देर हो रही थी। तत्कालीन गवर्नर जनरल ने तब एक चायवाले को बुलाया। उससे कहा कि मूँगफली के दानों और गुड़ की गोलियाँ बनाए और मजदूरों को दे। इसका खर्च तत्कालीन ब्रिटिश सरकार ने उठाया। ट्रैक बिछाने का प्रोजेक्ट खत्म हुआ तो चाय बनानेवाले बुजुर्ग के पास कुछ खास काम नहीं रह गया था। उसने इन्हीं गोलियों को चिक्की के तौर पर यात्रियों को बेचना शुरू किया। लोगों को यह मिठाई पसंद आई। इस तरह लोणावाला को 'चिक्की' के लिए पहचान मिली। जबकि न तो उसका गुड़ बनाने से कोई लेना-देना है और न ही मूँगफली के दानों से।

तीसरी कहानी—मैं परिवार के साथ विदेश दौरे पर गया था। वहाँ होटल के तीन कमरे लिये थे। मेरी भतीजी ने तीनों कमरों से बाइबिल उठाई और मेरे पास आकर पूछा, 'जब विदेशी होटल बाइबिल जैसा धर्मग्रंथ हर कमरे में रख सकता है, तो भारत

के होटलों में ऐसा क्यों नहीं हो सकता?' मैंने जवाब दिया, 'क्योंकि हमारा धर्मग्रंथ एक नहीं है।' उसने फिर पूछा, 'हमारा धर्मग्रंथ एक क्यों नहीं है?' मैंने कहा, 'हमारे धर्मग्रंथ एक से ज्यादा हैं। उन्हें श्रुति (वेद और उपनिषद्, जिन्हें सुना जा सके) और स्मृति (जिन्हें पढ़कर याद किया जा सके) में बाँटा गया है। इसके अलावा महाभारत, रामायण और गीता जैसे महाकाव्य भी हैं।'

उसने कहा, 'मैं गीता जानती हूँ, लेकिन क्या वह महाभारत का हिस्सा नहीं है?' मैंने जवाब दिया, 'हाँ। लेकिन ज्यादातर हिंदू गीता को श्रुति (एक धर्मग्रंथ) मानते हैं।' उसने फिर सवाल दागा, 'हमारे धर्मग्रंथ इतने ज्यादा क्यों हैं?' मैंने कहा, 'क्योंकि शुरुआती हिंदू आपके जैसे थे। वे अपने आप से प्रश्न पूछते रहते थे कि 'हम कौन हैं?' 'हम यहाँ क्यों हैं?' 'मरने के बाद हमारा क्या होगा?' उपनिषद् जैसे धर्मग्रंथ इन्हीं सवालों का जवाब हैं। इनका कोई एक सटीक जवाब नहीं हो सकता। ऐसे में धर्मग्रंथ भी एक कैसे हो सकता है?'

उसे समझ में आ गया कि अब मैंने उससे प्रश्न पूछा है। जवाब उसे देना है। उसने कहा, 'मेरे हिसाब से इतनी सारी पुस्तकें होना अच्छा है। पढ़ने और सोचने को ज्यादा सामग्री है। इससे बहस ज्यादा हो सकती है। सवाल भी ज्यादा पूछे जा सकते हैं।' इतना कहकर वह कमरे से भाग गई।

फंडा यह है कि हम इतिहास से छोटी लेकिन रोचक कहानियाँ उठाएँ। उनके जरिए जिंदगी की अपनी पार्टी में और रंगत घोलने की कोशिश करें।

□

अच्छे आइडिया पर अगर काम नहीं किया गया तो वे खत्म हो जाएँगे

तीन साल पहले विवेक व्यास और विमल पोपट अलग-अलग कंपनियों में काम कर रहे थे। वे खुश थे। फिर उन्होंने राजकोट में एक इंश्योरेंस कंपनी ज्वॉइन कर ली। टेक्निकली बहुत ज्यादा कुछ जानते थे, फिर भी लोगों को सफलतापूर्वक बीमा पॉलिसियाँ बेच रहे थे। आगे उनकी खास कोई योजना नहीं थी। लेकिन किस्मत ने उनके लिए योजना बना रखी थी। एक रोज वे सड़क किनारे एक दुकान पर समोसे खाने को रुक गए। दुकानदार ने उन्हें अखबार के टुकड़े में रखकर समोसे दिए। खा-पीकर वे हाथ में रखे उस अखबार के टुकड़े को फेंकने ही वाले थे कि उनकी नजर उसमें छपी एक सूचना पर गई। किसी की मौत पर शोक संदेश था वह। उसे पढ़कर दोनों बहुत डिस्टर्ब हो गए। दोनों को लगा कि क्या शोक संदेश और ज्यादा सम्मानित तरीके से प्रजेंट नहीं किए जा सकते? क्या यह तरीका ऐसा नहीं हो सकता, जो लोगों को हमेशा याद रहे? इसी तरह के कुछ और सवाल उनके दिमाग में उमड़-घुमड़ रहे थे। दोनों के जवाब एक जैसे थे। यानी उन्हें लगता था कि शोक संदेशों को सम्मानित और यादगार तरीके से प्रजेंट किया जाना चाहिए। लेकिन उन्हें अब तक यह समझ नहीं आ रहा था कि वे इसके लिए करें क्या? हालाँकि एक आइडिया के बीज उनके दिमाग में पड़ चुके थे। उन्होंने अब यह सोचना भी शुरू कर दिया था कि इस आइडिया पर अमल कैसे करें? एक साल निकल गया।

फिर उनके आइडिया ने एक वेब पोर्टल को जन्म दिया, 'श्रद्धांजलि डॉट कॉम।' भारत में इस तरह का यह अपनी तरह का पहला पोर्टल है। इस पर लोग अपने दिवंगत परिजनों के लिए शोक संदेश डाल सकते हैं। उसे अपने और नाते-रिश्तेदारों तक पहुँचा

सकते हैं। यही नहीं, आनेवाली पीढ़ी भी जब चाहे, अपने बुजुर्गों से संबंधित शोक संदेशों को इस पोर्टल पर जाकर पढ़ सकती है। पोर्टल चलानेवाले लड़कों को अभी उनके बिजनेस से कोई फायदा नहीं हो रहा है। लेकिन उनकी कोशिश ने लोगों का ध्यान खींचना शुरू कर दिया है। भाजपा के प्रधानमंत्री पद के उम्मीदवार नरेंद्र मोदी भी उनकी इस कोशिश की तारीफ कर चुके हैं।

इस साइट पर कोई भी खुद को रजिस्टर कर अपने दिवंगत परिजन की फोटो डाल सकता है। उनसे जुड़े वीडियो अपलोड कर सकता है। शोक संदेश लिखकर उसे अपने रिश्तेदारों, दोस्तों, जानकारों तक भेज सकता है। दिवंगत परिजन की या अपनी पसंद का म्यूजिक उस शोक संदेश के साथ एड कर सकता है। यही नहीं, इस पेज पर पूरा मालिकाना संबंधित सब्सक्राइबर का ही होता है। यानी सिर्फ वही पेज पर कुछ एडीशन, डिलीशन या एडिट कर सकता है। वह चाहे तो अपने पेज पर विज्ञापन ले और चाहे न ले। यानी कोई भी, पोर्टल का मालिक भी किसी के पेज पर उसकी इच्छा के बिना विज्ञापन नहीं चला सकता। विवेक और विमल के इस पोर्टल पर अभी पूरी रकम उनकी ही लगी हुई है। उन्हें इससे कोई कमाई भी नहीं है। लेकिन वे अपने लिए प्रायोजक या निवेशक जरूर ढूँढ़ रहे हैं, ताकि इस प्रयास को ज्यादा-से-ज्यादा लोगों के लाभ के लिए उन तक पहुँचाया जा सके। अभी इस पोर्टल पर करीब 300 सब्सक्राइबर हैं। इन लोगों ने 30 साल के लिए सदस्यता ली है। इन लोगों के लिए करीब पाँच ऑनलाइन पेज पोर्टल ने मुहैया कराए हैं। इसके लिए सदस्यों ने करीब 5,000 रुपए फीस का भुगतान किया है। इसके अलावा साइट पर 90 प्रोफाइल कॉम्प्लीमेंट्री हैं। ये समाजसेवियों, शहीदों, खिलाड़ियों आदि से जुड़े हुए हैं। आजकल तकनीक का युग है। लोग दुनिया के किसी भी हिस्से में रहें, वे एक-दूसरे से जुड़े रहते हैं। परिवार में जो लोग हैं और जो नहीं रहे, उन सभी यादों को एक-दूसरे से साझा कर सकते हैं। तसवीरें, वीडियो शेयर कर सकते हैं। यानी सबकुछ बस एक क्लिक पर आपके हाथ में हैं। इसका मतलब यह भी कि आजकल संभावनाओं का कोई अंत नहीं है।

फंडा यह है कि आइडिया कभी-किसी मौके पर अचानक आते हैं। ये जब भी आएँ, इन पर काम शुरू कर देना चाहिए। अगर इन पर काम नहीं किया गया, इन्हें हकीकत में नहीं बदला गया तो ये मर जाएँगे।

□

भगवान् आपको कभी ऐसी हालत में नहीं डालते, जहाँ वे आपकी मदद न कर पाएँ

मैंने उन्हें पहली बार वर्ष 2007 में 'दिव्य भास्कर कार रैली' में अहमदाबाद में देखा। समीर कक्कड़ नाम है उनका। वे सन् 1973 में पैदा हुए। यानी महज 40 साल की उम्र है। लेकिन भीड़ में वे सबसे अलग थे। एक साधारण सी चीज उन्हें दूसरों से अलग कर रही थी। वे अपने पैरों पर खड़े नहीं हो सकते थे, फिर भी कार रैली में हिस्सा लेने आए थे। समीर के नाम कई रिकॉर्ड हैं। उन्हें ढेरों सम्मान मिल चुके हैं। 'लिम्का बुक ऑफ रिकॉर्ड्स' में उनका नाम दर्ज है। दुनिया में सबसे ऊँची कार रैली जीतनेवाले के तौर पर 'वर्ल्ड अमेजिंग रिकॉर्ड' ने उन्हें सर्टिफिकेट भी दिया है। अब ऐसे किसी शख्स से मिलकर आपको नहीं लगता कि जिंदगी के प्रति किसी का भी नजरिया बदल सकता है। बिल्कुल बदल सकता है। समीर शारीरिक तौर पर 80 फीसदी अक्षम हैं। ऐसे में यह सोचकर किसी को भी अचरज होगा कि वे अपनी स्पोर्ट्स कार के गियर कैसे बदलते हैं? एक्सेलरेटर कैसे दबाते हैं? ब्रेक कैसे लगाते हैं? इन सवालों के जवाब का आपको जब तक ओर-छोर भी नहीं सूझेगा, वे आपके सामने से फर्राटा भरते हुए निकल जाएँगे। चाहे 'मारुति मेगा ट्रीजर हंट' हो या 'कच्छ डेजर्ट कार रैली'। 'जम्मू-कश्मीर टायर मानसून राइड' हो या लेह में होनेवाली 'हिमालयन एडवेंचर रैली'। राजस्थान में 'डेजर्ट स्टॉर्म रैली' हो या नेपाल, भूटान और भारत में होनेवाली 'ट्राई नेशन एस्केप रैली'। हर जगह समीर अपनी मोडिफाइड कार के साथ मुसकराते हुए मिल जाएँगे। फिलहाल वे अपनी अगली कार रैली की तैयारी कर रहे हैं।

चूँकि समीर के दोनों पैर काम नहीं करते, इसलिए वे कार चलाने के लिए अपनी डिजाइन की हुई किट इस्तेमाल करते हैं। वे मेकैनिकल इंजीनियर हैं। इस तरह की रैलियों

में हिस्सा लेने का उनका एक ही मकसद है कि शारीरिक रूप से अक्षम हर व्यक्ति गाड़ी चलाने के लायक हो। इसके लिए गाड़ियों में सुधार (मोडिफिकेशन) किए जाएँ। यह काम भी ज्यादा महँगा न हो, लोगों के बजट में हो जाए। समीर सिर्फ एक साल के थे। जब उन्हें बहुत तेज बुखार आया। इसने उनके शरीर के नीचे का हिस्सा बेकार कर दिया। लेकिन वह उनका जज्बे को नहीं तोड़ सका। उन्होंने पढ़ाई पूरी की। गुजरात यूनिवर्सिटी से इंजीनियरिंग की डिग्री ली। प्रॉपर्टी का बिजनेस शुरू किया। उसमें भी सफलता के झंडे गाड़े। लेकिन समीर के लिए इतना काफी नहीं था। वे शारीरिक रूप से अक्षम लोगों के लिए मिसाल बनना चाहते थे। उन्होंने 'ऑटोमोबाइल किट' डिजाइन की।

इसे किसी भी चार पहिया वाहन में आसानी से फिट किया जा सकता है। इसके जरिए इस तरह के लोग सहज ढंग से गाड़ी ड्राइव करने में सक्षम हो जाते हैं। समीर की बनाई यह किट अब तक 2,500 चार पहिया गाड़ियों में फिट की जा चुकी है। समीर ने एक संस्था भी बनाई है। इसका नाम है—'साइका-एडिंग विंग्स टू द डिफरेंटली एबल्ड'। इसी संस्था की पहल पर चार पहिया वाहनों में किट लगाई जा रही है। इस किट से गाड़ी फ्यूल एफिशिएंसी, माइलेज, इंश्योरेंस, तकनीक या अन्य स्पेसिफिकेशंस पर कोई फर्क नहीं पड़ता। इस किट की कीमत भी कम है। कार के साइज के आधार पर यह तय की जाती है, लेकिन खर्च 3,500 से 8,000 रुपए के बीच ही पड़ता है। इसे मारुति-800 से लेकर फरारी तक में लगाया जा सकता है। किट लगने के बाद गियर, एक्सेलरेटर, ब्रेक सब हाथ से ऑपरेट किए जा सकते हैं। समीर की खासियत यह है कि वे जरूरत के हिसाब से किट में भी मोडिफिकेशन कर देते हैं। कई लोग, जिनको कमर या जोड़ों की तकलीफ है, वे भी अपनी कारों में तब्दीली के लिए समीर से संपर्क कर रहे हैं। समय कैसे बदलता है, देखिए। समीर का परिवार पहले उन्हें गाड़ी नहीं चलाने देता था। तब उन्हें बहुत बुरा लगता था। लेकिन आजकल उनका पूरा परिवार उन्हीं की ड्राइविंग पर भरोसा करता है।

फंडा यह है कि भगवान् आपको ऐसी हालत में कभी नहीं डालते, जहाँ वे आपकी मदद न कर सकें। वे आपको तकलीफ दे सकते हैं, लेकिन वे यह भी ध्यान रखते हैं कि आप उनके सुरक्षा कवर से कभी दूर न होने पाएँ।

□

अपनी ऊर्जा का बड़े मकसद के लिए निवेश कीजिए

पहली कहानी—कई देशों में ड्राइवर गाड़ी चलाते हुए उनींदे से रहते हैं। थके रहते हैं। यह बहुत आम बात है। लेकिन जानलेवा सड़क दुर्घटनाओं का जिक्र करते वक्त कोई भी इस तथ्य पर ध्यान नहीं देता। जबकि अमेरिका और ऑस्ट्रेलिया जैसे देशों में भी सड़क दुर्घटनाओं में हो रही मौतों की बड़ी वजह ड्राइवरों की थकान है। आँकड़े बेहद चिंताजनक हैं। ड्राइवरों को लगता है कि खिड़कियों के काँच खोलकर, कॉफी-चाय पीकर या संगीत सुनकर वे अपनी नींद दूर भगा सकते हैं। थकान कम कर सकते हैं, लेकिन यह सच नहीं है। नींद का कोई विकल्प नहीं है। यानी नींद लेने से ही यह दूर होती है।

हाईवे पर खासकर, जब लंबा रास्ता एक सा होता है, तब गाड़ी चलानेवाले के ऊपर आम तौर पर नींद असर दिखाती है। लेकिन इसके बावजूद कई ड्राइवर तो यह मानते ही नहीं कि उन्हें नींद आ रही है। इसी वजह से कभी-कभी सेकंड के भी किसी हिस्से में ली उनकी झपकी बड़े एक्सीडेंट का कारण बन जाती है। कई दवाइयों की वजह से भी नींद आती है। बहुत से ड्राइवर इसके बारे में जानते ही नहीं। वे अपनी किसी बीमारी के लिए दवा तो लेते हैं, लेकिन नींद नहीं। इससे भी दिक्कत खड़ी हो जाती है। गाड़ी चलाते हुए 10 सेकंड या उससे भी कम समय की एक झपकी दुर्घटना का कारण बन सकती है।

दुनिया में होनेवाली कुल सड़क दुर्घटनाओं में से 40 फीसदी सिर्फ नींद के झोंके की वजह से हो जाती हैं। इसी तथ्य के मद्देनजर आईआईटी, मद्रास ने एक ऐसा यंत्र बनाया है, जो ड्राइवर को हमेशा चौकन्ना रखता है। दरअसल, जब भी हमारे शरीर पर नींद हावी होती है तो शरीर में कई तरह के परिवर्तन होते हैं। मसलन, मांसपेशियों का ढीला पड़ जाना।

शरीर में होनेवाले इन परिवर्तनों को यह यंत्र तुरंत पहचान लेता है और तुरंत ड्राइवर को अलार्म बजाकर चौकन्ना कर देता है। इस यंत्र के कई परीक्षण हो चुके हैं।

ये सभी अब तक सफल रहे हैं। कई साइंटिफिक जर्नल्स में भी इसके बारे में छप चुका है। आईआईटी, मद्रास ने इस यंत्र के पेटेंट के लिए भी अरजी लगाई है। साथ ही इसके व्यावसायिक उत्पादन पर भी विचार किया जा रहा है। इस यंत्र की कीमत कितनी होगी, यह अभी तय नहीं है। लेकिन इतना तय है कि यह जल्द ही बाजार में उपलब्ध हो जाएगा। हो सकता है, इसकी माँग और उत्पादन ज्यादा हो तो कीमत भी कम ही रह जाए।

दूसरी कहानी—सिर्फ बेंगलुरु शहर में ही 48 फीसदी पानी गटर से होकर कावेरी नदी में बह जाता है। हर रोज करीब 50.9 करोड़ लीटर पानी डिस्ट्रीब्यूशन लाइनों में लीकेज आदि की वजह से बरबाद हो जाता है। इसकी वजह से नगरीय निकाय को हर साल 50 करोड़ रुपए का भी नुकसान होता है। तेजी से हो रहे शहरीकरण ने यह स्थिति निर्मित की है। देश के इस पाँचवें महानगर के इन हालात पर अध्ययन भी हुए हैं। अमेरिका में विस्कोंसिन के 'इंस्टीट्यूट ऑफ सोशल ऐंड इकोनॉमिक चेंज' ने एक अध्ययन किया है। 'इंडियन काउंसिल ऑफ सोशल साइंस रिसर्च' ने इस अध्ययन में सहयोग किया। इस अध्ययन की रिपोर्ट दिसंबर 2013 में जारी की गई। इसमें साफ तौर पर कहा गया है कि अगर शहर में पानी के संकट से निपटना है तो सबसे पहले लीकेज की समस्या से निपटना होगा। इसमें बारिश के पानी के संरक्षण, जल प्रबंधन को बेहतर करने तथा पानी के अनधिकृत उपयोग को रोकने की सलाह भी दी गई है। रिपोर्ट में दिए गए सुझावों को अमल में लाने के लिए पायलट प्रोजेक्ट पर काम शुरू हो चुका है।

अब इन दो कहानियों से हमें क्या सीख मिलती है? यह कि सबसे पहले उस जगह को चिह्नित कीजिए, जहाँ ज्यादा नुकसान हो रहा है। भले वह जीवन से जुड़ा हो या संसाधनों से। इसके बाद अपनी ऊर्जा को उस नुकसान को कम करने के तरीके ढूँढ़ने में लगाएँ—यानी समस्या का समाधान कैसे हो, यह देखने में। इससे आपको संतोष मिलेगा कि आपने कुछ बड़ी उपलब्धि हासिल की है। साथ में आपको यह भी लगेगा कि आपने अपने संगठन और उससे भी ज्यादा देश के लिए कुछ प्रोडेक्टिव काम किया है।

फंडा यह है कि हमेशा अपनी ऊर्जा को बड़े मकसद की तरफ लगाइए। यह हर तरह से आपके लिए फायदेमंद रहेगा।

□

आप जो करते हैं, वही आपकी तकदीर है

कहानी 1—दुनिया के सबसे अमीर शख्स बिल गेट्स की पत्नी मिलिंडा गेट्स कुछ लोगों के साथ डिनर कर रही थीं। उनके बगल में 16 वर्ष की एक लड़की बैठी थी। इस लड़की का नाम था शिखा पात्रा। बातों-बातों में मिलिंडा ने शिखा से पूछा कि क्या तुम किस्मत जैसी बातों पर यकीन करती हो? शिखा ने जवाब दिया कि मैं जो करती हूँ, वही मेरी तकदीर या किस्मत है। यह अप्रैल 2013 की बात है। इस मुलाकात के बाद 31 दिसंबर को मिलिंडा ने अपना फेसबुक स्टेट्स अपडेट किया। इसका शीर्षक था 'वह प्रेरणादायक महिलाएँ और लड़कियाँ, जिनसे मैं इस साल मिली'। इनमें हिलेरी क्लिंटन, मलाला युसुफजई, क्वीन रैना और शिखा पात्रा उन आठ में शामिल हैं। बकौल मिलिंडा, यह वे हैं, जिनसे वह काफी प्रभावित हुईं।

इनमें से शिखा के बारे में मिलिंडा ने खास तौर पर लिखा। मिलिंडा के मुताबिक, मैं सबसे ज्यादा शिखा से प्रभावित हुई। इस लड़की में गजब का आत्मविश्वास है। कोलकाता के स्लम में पली-बढ़ी यह लड़की खुद को और अपने समाज को बदलने का भरोसा रखती है। यह उस तबके से आती है, जहाँ लोगों को लगता है कि किस्मत उनके जीवन को नियंत्रित करती है। लेकिन शिखा ऐसा नहीं मानती। वह अपनी किस्मत खुद लिखने के लिए प्रतिबद्ध है। इसके साथ ही दूसरों की जिंदगी में बदलाव लाना भी शिखा की कोशिशों में शामिल है। शिखा कई माता-पिताओं और बच्चों को यह बताती है कि कैसे बीमारियों से बचा जाए, स्वच्छता के प्रति जागरूक कैसे रहा जाए, और सबसे बड़ी चीज, बच्चों को पोलियो और दूसरी जानलेवा बीमारियों से बचानेवाली वैक्सीन कहाँ और कैसे मिलेगी। शिखा से मिलने के बाद मैं उसके अगले कदम को जानने के लिए इंतजार नहीं कर सकती।

शिखा से मिलिंडा की मुलाकात अप्रैल 2013 सिएटल में ट्रेंड एक्सचेंज समारोह के दौरान हुई थी। इसके बाद 'बिल ऐंड मिलिंडा गेट्स फाउंडेशन' की सह प्रमुख

मिलिंडा ने शिखा के बारे में अपने ब्लॉग पर एक लेख लिखा था। इस समारोह में स्टैंडफोर्ड यूनिवर्सिटी द्वारा तैयार एक डॉक्यूमेंट्री की स्क्रीनिंग हुई थी, जिसमें 'प्रयासम' एनजीओ के संस्थापक अम्लान गांगुली द्वारा समाज के लिए लीक से हटकर किए गए कामों का जिक्र था। ग्यारहवीं कक्षा की छात्रा शिखा पात्रा इसी एनजीओ की सदस्य है। ट्रेंड एक्सचेंज एक कम्युनिटी है, 'बिल और मिलिंडा गेट्स फाउंडेशन' के साथ मिलकर, जो दुनिया भर में स्वास्थ्य और विकास के लिए काम करती है।

कहानी 2—क्षारा समुदाय के लोगों को ब्रिटिश राज के दौरान अपराधियों की श्रेणी में रखा जाता था। अगर आप किसी पुलिस अधिकारी के सामने क्षारा का नाम ले लें तो संभव है कि वह आपके सामने अपराधियों की एक लंबी-चौड़ी सूची पेश कर दे। फिलहाल क्षारा को आदिवासी वर्ग में रखा गया है। इसी समुदाय से आनेवाले अनीस गराँगे की कहानी अलग है। अनीस एक संगीतकार हैं। वह करीब 25 बच्चों को कई तरह के वाद्य यंत्र बजाना सिखाते हैं। इसके अलावा अनीस ने कई वाद्य यंत्र खुद तैयार किए हैं। खास बात यह है कि इन वाद्य यंत्रों का निर्माण कच्ची शराब बनाने में इस्तेमाल होनेवाले साजो-सामान से किया गया है। अनीस के बनाए इन यंत्रों से जब संगीत की लहरियाँ निकलती हैं तो सुननेवाला सम्मोहित हो जाता है। कोई यह सोच भी नहीं सकता कि शरीब बनाने के साजो-सामान से बने वाद्य यंत्र इतना मीठा संगीत पैदा कर सकते हैं। इन वाद्य यंत्रों ने इस समुदाय की तसवीर को बदल दिया है, जिस समुदाय को कभी भी सराहा नहीं गया तथा जिसे सिर्फ आपराधिक गतिविधियों के लिए जाना गया। इस संगीत को सुनने के बाद लोगों ने समुदाय की हौसलाअफजाई करना शुरू कर दिया। समुदाय के कई बच्चों ने 'आईआईएम अहमदाबाद और मुद्रा कम्यूनिकेशन इंस्टीट्यूट' जैसे बड़े संस्थानों के अलावा देश के कई हिस्सों अपनी कला का प्रदर्शन किया, जिसको काफी सराहा गया। इन बच्चों के अभिभावकों की आपराधिक पृष्ठभूमि हुआ करती थी। लेकिन अब ये खुश हैं कि लोगों का नजरिया इनके समुदाय के प्रति बदल रहा है। अब इनकी पहचान इनकी कला से हो रही है।

फंडा यह है कि आपकी जाति या गरीबी आपकी पहचान और यश में कभी बाधा नहीं बन सकती। आप किस्मत पर भरोसा कर सकते हैं, लेकिन अगर आप अपनी किस्मत फिर से लिखना चाहते हैं तो इससे आपको कोई नहीं रोक सकता।

□

क्वालिटी हमेशा क्वांटिटी से आगे रहती है

महेश रायपुर का रहनेवाला है, जबकि रमेश नागपुर से है। दोनों मेकैनिकल इंजीनियर हैं। उन्होंने करीब-करीब हर एक्जाम 51 फीसदी अंकों के साथ पास किया। एक से सालों में परीक्षाएँ दीं। यूनिवर्सिटियों का ही फर्क रहा। दोनों को दो-दो नौकरियाँ मिलीं। एक उनके अपने-अपने कॉलेज के प्लेसमेंट सेल के जरिए। किसी कारण से दोनों को यह नौकरी छोड़नी पड़ी। दूसरी बार दो-पाँच महीने के बाद उन्होंने अपने दम पर नौकरी हासिल की। लेकिन इससे भी उन्हें इस्तीफा देना पड़ा; क्योंकि उन्हें अंदरूनी इलाकों में पोस्टिंग दे दी गई थी। आज की तारीख में दोनों मानते हैं कि दुनिया ने उनके साथ ठीक नहीं किया। कम-से-कम उन्हें नौकरी देनेवाली कंपनियों ने तो बिल्कुल भी नहीं। लेकिन जब पड़ताल हुई तो उन्होंने माना कि प्रैक्टिकल एक्जाम के अंकों में उन लोगों ने छेड़छाड़ की थी। उन्हें गलत तरीके से बढ़ाया गया था। यह भी माना कि कक्षा में उनकी अनुपस्थिति का मामला एक्जाम में रोड़ा न बने, इसलिए उसमें भी उन्होंने धाँधली की। हालाँकि दोनों का यह भी दावा है कि थ्योरी की परीक्षा को पास करने के लिए उन्होंने खूब मेहनत की थी। लेकिन जो गड़बड़ियाँ कीं, वे उनकी मेहनत पर भारी पड़ गईं। महेश और रमेश उन छात्रों को रिप्रेजेंट करते हैं, जो कॉलेज जाते तो डिग्री-डिप्लोमा लेने के लिए हैं, लेकिन पढ़ाई को ज्यादा गंभीरता से नहीं लेते। हो सकता है इन दोनों को भविष्य में कोई-न-कोई नौकरी मिल जाए। लेकिन फिलहाल तो ये चिंता और तनाव में जी रहे हैं।

गुजरात में एक यूनिवर्सिटी है, जिसने इस तरह के स्टूडेंट्स को अच्छे ढंग से समझा है। यह है—गुजरात टेक्निकल यूनिवर्सिटी। पिछले हफ्ते इसने तय किया कि यूनिवर्सिटी से मान्यता प्राप्त सभी कॉलेजों में प्रैक्टिकल एक्जाम बाहर के विशेषज्ञों के सामने होंगे। सभी कोर्सेस के आठों सेमेस्टर में यही व्यवस्था लागू रहेगी। पहले आखिरी दो सेमेस्टर

में यह लागू थी। इससे शुरुआती छह सेमेस्टर में गड़बड़ आकलन की संभावना बनी रहती थी। चूँकि अकसर प्रैक्टिकल एक्जाम ठीक ढंग से नहीं होते, इसलिए कुछ कॉलेज अपने स्टूडेंट्स को इनमें पूरे-पूरे नंबर भी दे देते हैं। इस तरह विसंगति पैदा हो जाती है। दूसरे कॉलेजों के पढ़ाकू बच्चे अकसर इस वजह से मैरिट में पीछे रह जाते हैं। इसे लेकर शिकायतें आ रही थीं। इसके बाद इस यूनिवर्सिटी ने नए नियम बनाए। इनके मुताबिक अब कुल 100 में से प्रैक्टिकल एक्जाम के 50 नंबर होंगे। पहले सिर्फ 10 ही होते थे। औद्योगिक क्षेत्र की ओर से भी प्रैक्टिकल एक्जाम की गुणवत्ता बढ़ाने पर जोर है। क्योंकि पास होनेवाले स्टूडेंट्स किताबी जानकारियों के मामले में तो अच्छे होते हैं, लेकिन उनमें प्रेक्टिकल नॉलेज बहुत कम होती है। इसके मद्देनजर ये परिवर्तन काबिलेगौर हैं। यहाँ तक कि एमबीए स्टूडेंट्स को भी दूसरे कॉलेजों के स्टूडेंट्स के साथ मिलकर प्रजेंटेशन बनाने को कहा जा रहा है। पहले एक ही कॉलेज के स्टूडेंट्स आपस में ग्रुप बनाकर प्रोजेक्ट बनाते थे। इससे भी गड़बड़ी की संभावना बनी रहती थी। 'इंडिया इंफ्रास्ट्रक्चर रिपोर्ट' के मुताबिक 2007 में केंद्र सरकार ने स्कूलों में दाखिले बढ़ाने के लिए 12,238 करोड़ रुपए आवंटित किया। जबकि 736 करोड़ रुपए स्कूलों में शिक्षा की क्वालिटी बेहतर करने के लिए रखे गए। साल 2011 में दाखिले बढ़ाने को दी जानेवाली राशि 21,393 रुपए हो गई, जबकि क्वालिटी बेहतर करने के लिए दी गई रकम 2,032 करोड़ रुपए। इसका पॉजीटिव पहलू देखें तो यह है कि भारत अब कह सकता है कि वह यूनाइटेड नेशंस के 'मिलेनियम डेवलपमेंट गोल' के लिए प्रतिबद्ध है। इस अभियान के तहत स्कूलों में दाखिले बढ़ाने पर ज्यादा जोर दिया जा रहा है, जबकि निगेटिव पहलू यह है कि अब देश भर में और ज्यादा रमेश-सुरेश पैदा होंगे।

यानी बच्चे किसी तरह परीक्षाएँ तो पास कर लेंगे, लेकिन उन्हें नौकरी मिलना मुश्किल होगी। नौकरी मिल भी गई तो उसमें टिके रहना मुश्किल होगा। अगर नौकरी देनेवालों से पूछा जाएगा तो वे कहेंगे, बच्चों में प्रतिभा नहीं है। इससे खुद कंपनियों की तरक्की भी रुक रही है। यह सब इसलिए हो रहा है या होगा कि हम क्वालिटी एजुकेशन पर अब भी ज्यादा ध्यान नहीं दे रहे हैं।

फंडा यह है कि क्वालिटी और क्वांटिटी का आपस में कोई मुकाबला नहीं। जब भी इन दोनों को साथ खड़ा किया जाएगा, दोनों को तौला जाएगा तो पलड़ा क्वालिटी का ही भारी रहेगा। जीत उसी की होगी।

□

बचत की आदत जिंदगी में जितनी जल्द शुरू हो जाए, उतना अच्छा है

कर्नाटक में मंगलौर के एक गाँव में हनुमंता कोटी और उसके आठ सदस्यों वाला परिवार रहता था। परिवार में उनकी पत्नी, पाँच बेटियाँ और दो बेटे हैं। गाँव में काम नहीं था, इसलिए यह परिवार 1990 के दशक के शुरुआती सालों में मंगलौर आ गया। यहाँ ये लोग मजदूरी करने लगे। गाँव से शहर की ओर आने के दौरान सबसे ज्यादा प्रभाव पड़ा परिवार के छोटे बच्चे मंजूनाथ पर। उस वक्त वह सात साल का था। दूसरी कक्षा में पढ़ता था। परिवार के बाकी बच्चे तो शायद सिर्फ मिड-डे मील के लिए स्कूल जाते थे। लेकिन मंजूनाथ गंभीरता से पढ़ाई करना चाहता था।

मंजूनाथ मंगलौर पहुँचा तो वहाँ कई शहरी बच्चों को स्कूल जाते देखा। खुद को रोक नहीं पाया। वह भी उनके साथ हो लिया। कक्षा में तब तक बैठता रहा, जब तक उसे पकड़ा नहीं गया। स्कूल में जो खाना मिलता, उसे वह खुद तो खाता ही, घर के दूसरे सदस्यों के लिए भी ले आता। वह सरकारी स्कूल था। एक दिन उसे स्कूल की टीचर मैरी ने पकड़ लिया। लेकिन उन्होंने उससे जब पूछताछ की तो वे झुँझलाने के बजाय प्रभावित हो गईं। मंजूनाथ को अपने उम्र के हिसाब से काफी जानकारी थी। पढ़ाई में उसकी रुचि देख टीचर मैरी ने उसमें खास दिलचस्पी दिखाई। टीचर मैरी ने मंजूनाथ के गाँव के स्कूल को पत्र लिखा। वहाँ से जरूरी कागज मँगवाए और उसे अपने स्कूल में एडमिशन दिलवा दिया। हालाँकि मंजूनाथ के पिता इसके लिए तैयार नहीं थे। वे चाहते थे कि उनका बेटा काम करे, क्योंकि परिवार गरीबी से जूझ रहा था।

मंजूनाथ ने पिता की बात भी नहीं काटी। स्कूल के साथ-साथ वह काम भी करने लगा। गाड़ियाँ धोकर कुछ पैसे घर लाने लगा। लेकिन इससे उतनी कमाई नहीं होती थी,

इसलिए वह घरों में काम करने लगा। घरेलू नौकर के तौर पर उसे अब 700 रुपए तक मिल जाया करते थे। मंजूनाथ कमाई के साथ-साथ बचत भी कर रहा था। वह मासिक आय का 10 फीसदी बचा रहा था, ताकि उसे आठवीं कक्षा में एडमिशन लेने में आसानी हो। सातवीं कक्षा में उसने 600 में से 530 अंक हासिल किए और अपनी बचत के पैसों की बदौलत आठवीं में एडमिशन भी हासिल किया। मंजूनाथ ने 53 फीसदी अंकों के साथ अपनी स्कूल की पढ़ाई पूरी की। लेकिन तभी अचानक उसके पिता और भाइयों ने तय किया कि वे गाँव वापस लौट जाएँगे। वहाँ उन लोगों को सुरक्षा गार्ड की नौकरी मिल रही थी। वे लौट गए, लेकिन मंजूनाथ नहीं लौटा। उसने तय किया कि वह मंगलौर में ही रहेगा। वहीं रहकर आगे की पढ़ाई करेगा। जिस चाल में वह किराए पर रहता था, उसके मालिक ने मंजूनाथ की मदद की।

महीने की बचत से जुटाए गए पैसों से इंटर कॉलेज की फीस भरी और चॉल मालिक के सहयोग से एडमिशन हो गया। उसे एक नौकरी भी मिल गई। शाम को छह बजे से रात 12 बजे तक काम करना होता था। महीने में 1800 रुपए पगार। बचत की आदत यहाँ भी बनी हुई थी। दो साल में उसने करीब 6,000 रुपए बचा लिये। इस वक्त वे डिग्री कोर्स करना चाहता था। उसकी फीस 10,000 रुपए थी। मंजूनाथ किसी भी कीमत पर पढ़ाई छोड़ना नहीं चाहता था। लिहाजा 6,000 रुपए लेकर वह कॉलेज के प्रिंसिपल से मिला। उन्होंने उसकी बात को समझा और उसे 'बैचलर इन सोशल वर्क' (बीएसडब्लू) में एडमिशन दे दिया। फीस की बाकी रकम प्रिंसिपल ने माफ कर दी। यहाँ अब एक नई दिक्कत पेश आई—अंग्रेजी भाषा। मंजूनाथ ने अब तक मातृभाषा में पढ़ाई की थी। अंग्रेजी से उसका ज्यादा वास्ता था नहीं। लेकिन उसके उत्साह, टीचर्स और साथी स्टूडेंट्स की मदद से उसने इस मुश्किल पर भी पार पा लिया। नई भाषा सीख ली।

तीन साल तक उसने दिन में 20-20 घंटे काम किया। पढ़ाई और पार्ट टाइम जॉब में पूरा समय खपाया। कुछ और नहीं किया। लेकिन बचत की आदत अब भी जारी थी। इन तीन सालों में मंजूनाथ ने 20,000 रुपए बचा लिये। अब वह पोस्ट ग्रेजुएशन करना चाहता था। सोशल वर्क में ही मास्टर डिग्री लेने की इच्छा थी। लेकिन फीस 49,000 रुपए। ऐसे में कॉलेज का स्टाफ, उसके ट्रस्टी, साथी स्टूडेंट्स मंजूनाथ की मदद के लिए आगे आए।

वे अब तक उसके बारे में काफी कुछ जान चुके थे। सबकी मदद से 40,000 रुपए जुट गए। इतने में उसे एडमिशन मिल गया। अब भाग्य भी मंजूनाथ का साथ

दे रहा था। जैसे ही उसने मास्टर डिग्री पूरी की, उसे नौकरी मिल गई। 'लिंक डी एडिक्शन ऐंड काउंसलिंग सेंटर' में काउंसलर की जॉब थी। अब मंजूनाथ का एम.फिल. करना चाहते हैं। उन्होंने अपने सपने को पूरा करने के लिए बचत करना शुरू कर दिया है। सुबह 9.30 से शाम 5.30 तक वे काम करते हैं। जहाँ रहते हैं, उसी जगह पर रात 9.00 से सुबह 7.00 बजे तक पहरेदारी का काम करते हैं, ताकि कमाई ज्यादा हो। स्कॉलरशिप और स्पॉन्सर के विकल्प की भी तलाश कर रहे हैं। यानी अगले लक्ष्य भी वे हासिल कर ही लेंगे।

फंडा यह है कि बचत एक आदत है। यह बचपन में जितनी जल्दी शुरू हो जाए, उतना अच्छा। दुनिया के सबसे धनी व्यक्ति और जाने-माने निवेशक वारेन बफेट भी अच्छे बचतकर्ता हैं। लेकिन उन्हें एक अफसोस है कि बचत की आदत उनमें 11 साल की उम्र में पड़ी, यानी देर से।

□

अनुचित व्यवस्था नतीजों को पटरी से उतार देती है

'रोजा' फिल्म के हीरो अरविंद स्वामी। उन्हीं के जैसे नामवाले एक और अरविंद स्वामी। दोनों चेन्नई की एक ही पॉश कॉलोनी में रहते हैं। लेकिन दोनों में एक फर्क है। हीरो अरविंद स्वामी बड़े बँगले में रहते हैं और दूसरे अरविंद स्वामी टीन शेड में। इससे अंदाजा लगाया जा सकता है कि दोनों के आर्थिक हालात में काफी फर्क है। दूसरेवाले अरविंद का पेशा भी अलग है। वे प्लंबर हैं। लेकिन वे नहीं चाहते कि उनके बच्चे भी इस पेशे में आएँ। उनका सपना है कि उनके दोनों बच्चे पढ़-लिखकर कोई बड़ा काम करें। इसीलिए उन्होंने दोनों का 'राइट टु एजुकेशन' (आरटीई) से मिले रिजर्वेशन के जरिए एक बड़े स्कूल में दाखिला दिलाया। पहले साल तो वे खुश थे। लेकिन अब परेशानी में हैं। उनके बच्चों को स्कूल ने पिछले साल मुफ्त शिक्षा दी। आरटीई के तहत सभी गैर-सरकारी सहायता प्राप्त निजी स्कूलों को गरीब बच्चों के लिए 25 फीसदी सीटें रिजर्व रखनी हैं।

रिजर्व सीटों पर गरीब बच्चों को एडमिशन देने से कोई स्कूल मना नहीं कर सकता। कानून के मुताबिक इन बच्चों की पढ़ाई पर होनेवाले खर्च का भुगतान सरकार सीधे निजी स्कूलों को करेगी। लेकिन अरविंद ने जिस स्कूल में बच्चों का एडमिशन कराया है, उसके मुताबिक सरकार ने एक भी पैसा नहीं दिया। स्कूल प्रशासन का कहना है कि उसने पूरे साल 25 फीसदी रिजर्व बच्चों को मुफ्त शिक्षा दी। निर्देशों के मुताबिक बैंक अकाउंट भी खोला, लेकिन सरकार ने दो साल से भुगतान नहीं किया।

सिर्फ यही स्कूल नहीं, अन्य निजी स्कूलों की भी यही शिकायत है। इससे स्कूलों का बजट गड़बड़ा गया है; क्योंकि कई खर्चे तो स्थायी हैं। मसलन किराया, बिजली,

पानी और वेतन का खर्च। तनख्वाह भी छठे वेतन आयोग के मुताबिक। ऐसे में स्कूलों की परेशानी का असर अभिभावकों पर दिख रहा है। उन्होंने अरविंद और अन्य अभिभावकों से इस साल की ट्यूशन फीस माँगी है। अब आर्थिक तौर पर पिछड़े जिन लोगों ने आरटीई के तहत बच्चों का बड़े स्कूलों में एडमिशन कराया, वे दबाव में हैं। इन पेरेंट्स के मुताबिक, फीस भरने के लिए मंगलवार को आखिरी तारीख है। अगर यह बढ़ी भी तो ज्यादा-से-ज्यादा गुरुवार तक बढ़ेगी। लेकिन इतने समय में स्कूल की ओर से माँगी गई फीस चुका पाना मुश्किल होगा। क्योंकि स्कूल ने हर बच्चे के हिसाब से 20,000 रुपए अदा करने को कहा है। इस हिसाब से अरविंद को 40,000 रुपए चुकाने होंगे।

बच्चों को दूसरे स्कूल में एडमिशन दिलाने का वक्त भी निकल चुका है। फीस की रकम जुटाना गरीब पेरेंट्स के लिए मुश्किल है। भले इसके लिए उन्हें छह महीने का वक्त भी क्यों न मिल जाए। सरकारी अफसरों तक भी इस बाबत जानकारी पहुँची है। वे मानते हैं कि स्कूलों की चिंताएँ सही हैं। लेकिन वे पेरेंट्स से फीस माँगने को भी गलत कहते हैं, बल्कि वे तो स्कूलों पर दबाव बना रहे हैं कि बच्चों को आरटीई के तहत एडमिशन से मना न किया जाए, न ही पेरेंट्स से फीस माँगी जाए। अब स्कूलवाले असमंजस में हैं। देश के कई स्कूलों में आरटीई के तहत एडमिशन की प्रक्रिया मई के पहले सप्ताह से शुरू होती है। ऐसे में अगर निजी स्कूलों को सरकार की ओर से समय भुगतान नहीं किया गया तो बच्चों का भविष्य खराब होने का अंदेशा है। स्कूलों पर अफसरों का दबाव भी ज्यादा समय तक काम नहीं करेगा। सिर्फ खर्च की रकम का भुगतान ही एक रास्ता है, नहीं तो पूरी व्यवस्था ढह जाने की आशंका पैदा हो जाएगी।

फंडा यह है कि अगर आप योजना बनानेवाले या नीतियाँ लागू करानेवाले हैं तो ध्यान रखें कि व्यवस्था उचित और सही ढंग से बनी रहे। नहीं तो अपेक्षित नतीजे नहीं मिलेंगे।

□

जीवन में कुछ लम्हे बस सँजोने के लिए होते हैं

गाँव की कहानी—उस गाँव में लगभग सभी लोग अनपढ़ हैं। पेशे से खेतिहर मजदूर। लेकिन हर किसी के पास मोबाइल। कइयों के पास तो स्मार्टफोन भी। दुनिया-जहान की खबरें इसी मोबाइल के जरिए उनकी जेब में होती हैं। पिछले चुनाव तक इस गाँव के 20 परिवारों में 60 वोटर थे। देश के इस गाँव में हमेशा 100 फीसदी वोटिंग होती रही है। बावजूद इसके इस इलाके में इंफ्रास्ट्रक्चर नाममात्र का है। सड़क संपर्क भी नहीं है। लोगों को वोट डालने के लिए पाँच किलोमीटर पैदल जाना पड़ता है। हर वोटर वोट डालने का अपना वादा पूरा करता है। लेकिन वे, जो उनके वोट से जीत हासिल करते हैं, अकसर वादे तोड़ देते हैं। कर्नाटक में कोप्पल जिले के शिवाना टांडा गाँव की बात हो रही है। राज्य के उत्तरी हिस्से में बसे इस गाँव में हर चुनाव के वक्त करीब 10 फीसदी नए युवा वोटर जुड़ जाते हैं। इस बार के चुनाव में आठ नए वोटर जुड़े हैं। ये 17 अप्रैल को फिर वोट डालने जाएँगे, क्योंकि इन्होंने बेहतरी की उम्मीद अब भी सँजो रखी है।

शहर की कहानी—वह सिर्फ 22 साल की है। परिवार ही नहीं, कॉलोनी में भी सब उसे प्यार करते हैं। खूबसूरत है। बेहद शालीनता से बातचीत करती है। शायद इसी खासियत की वजह से उसे टीवी एंकर की नौकरी भी मिली। जिस जगह उसका वोटर लिस्ट में नाम है, वहाँ लोकसभा चुनाव के लिए 10 अप्रैल को वोट डाले गए। उसने भी वोट डाला। और किसी तरह वोट डालते हुए मोबाइल फोन से अपनी तसवीर ले ली। इसे उसने फेसबुक पर डाल दिया तो विवाद हो गया। चुनाव आयोग ने भी मतदान अधिकारियों की जमकर खिंचाई की। मुद्दा यह था कि आखिर लड़की को कैमरे वाला

मोबाइल लेकर मतदान केंद्र के भीतर कैसे जाने दिया गया?

विदेश के किस्से—फिलीपींस के चुनाव आयोग ने पिछले साल वोटरों को याद दिलाया कि मतदान केंद्र में तसवीरें लेना गैर-कानूनी है। कनाडा के राजनेता बर्नार्ड डेनविले इसी महीने की शुरुआत में मुश्किल में पड़ गए। उन्होंने मतदान केंद्र के भीतर एक छात्र के साथ तसवीर खिंचवाई थी, जो सार्वजनिक हो गई। अमेरिका के राष्ट्रपति बराक ओबामा को भी ऐसी ही दिक्कत का सामना करना पड़ा। उन्होंने बेसबॉल खिलाड़ी डेविड ऑर्टिज को उनके साथ तसवीर (सेल्फी) खिंचवाने की इजाजत दे दी। लेकिन बाद में पता चला कि डेविड को ऐसा करने के लिए मोबाइल फोन निर्माता सैमसंग की ओर से कहा गया था। सैमसंग ने अपने मोबाइल के प्रमोशन के लिए इस तसवीर का जमकर इस्तेमाल किया।

भारत में मौजूदा लोकसभा चुनाव के लिए इस बार 18 से 23 साल की उम्र के करीब 15 करोड़ नए वोटर जुड़ चुके हैं। नौ चरणों के चुनाव में वोटिंग सात अप्रैल से शुरू हो चुकी है। यह 12 मई तक चलेगी। अब तक वोटिंग के जो रुझान मिले हैं, उससे साफ है कि वोटरों में जबरदस्त उत्साह है। खासकर पहली बार वोट डालने के लिए जानेवालों में। सोशल साइटों पर वोटिंग से जुड़ी तसवीरें भी बड़ी संख्या में पोस्ट हो रही हैं।

मोबाइल फोन से ली गई इन तसवीरों में युवा वोटर या तो लाइन में खड़े दिख रहे हैं या फिर वोट डालने के बाद उँगली पर लगी स्याही दिखाते नजर आ रहे हैं। शायद ये युवा लोकतांत्रिक प्रक्रिया में अपनी शुरुआत के इस पल को हमेशा सँजोकर रखना चाहते हैं। लेकिन इस उत्साह में यह भी ध्यान रखना होगा कि वोटिंग मशीन के साथ ली गई कोई भी तसवीर वोटर को जेल भी पहुँचा सकती है।

फंडा यह है कि जीवन में कुछ पल निजी तौर पर सँजोकर रखने के लिए होते हैं। उन्हें सार्वजनिक करना ठीक नहीं।

□

आप सामान्य हों या विकलांग, इरादा पक्का हो तो कुछ भी हासिल करना मुश्किल नहीं

पहली कहानी—एन. चंद्र सुप्रिया 35 साल की हैं। वे 'आम आदमी पार्टी' के टिकट पर मलकानगिरी से चुनाव लड़ रही हैं। सक्रिय राजनीति में आने के लिए उन्होंने हाल में ही सरकारी वकील का पद छोड़ा है। उनका नारा है कि जनता ऐसे नेता को चुने, जो उनकी समस्याएँ हल कर सके। वे जब भी लोगों के सामने यह बात कहती हैं, लोग देर तक ताली बजाते रहते हैं। कई बार तो इतनी देर तक कि उन्हें रुकने के लिए कहना पड़ता है। इससे उन्हें मिल रहे जनसमर्थन का अंदाजा लगाया जा सकता है। लेकिन इस समर्थन की वजह जानते हैं, क्या है? सुप्रिया देख नहीं सकतीं। वे संभवत: इस तरह की पहली उम्मीदवार हैं, जो चुनाव मैदान में हैं।

सुप्रिया डॉक्टर बनना चाहती थीं। लेकिन एक बीमारी ने उनकी आँखों की रोशनी हमेशा के लिए छीन ली। उन्हें कॉलेज बीच में ही छोड़ना पड़ा। उन्हें अफसरों ने 'ईआमसेट' (इंजीनियरिंग, एग्रीकल्चर, मेडिकल कॉमन एंट्रेस टेस्ट) में बैठने की इजाजत नहीं दी। यह परीक्षा जवाहरलाल नेहरू टेक्नोलॉजिकल यूनिवर्सिटी, हैदराबाद आयोजित करती है। इस सबने एक बार तो उन्हें नाउम्मीद ही कर दिया था, लेकिन उन्होंने जल्द ही हौसला बटोरा। शहर में ही एक लॉ कॉलेज ज्वॉइन किया। कानून की डिग्री ली। फिर आंध्र प्रदेश हाईकोर्ट और सुप्रीम कोर्ट में प्रैक्टिस। इस तरह तमाम मुश्किलों के बावजूद उन्होंने खुद अपनी जमीन तैयार की।

दूसरी कहानी—प्रकाश भगत बिहार के समस्तीपुर में बड़े हुए। वहाँ रहते हुए उन्होंने हिंदी के साथ भोजपुरी और मैथिली बोलना भी सीखा और पिता से संस्कृत भी। उनके पिता लेखक हैं। प्रकाश जब 12 साल के थे तो उन्हें उनके चाचा पंजाब के तरन- तारन ले गए। वहाँ वे प्रिंटिंग प्रेस में काम करते थे। वहाँ प्रकाश ने कुछ ही महीनों में पंजाबी बोलना, लिखना और पढ़ना भी सीख लिया। उनकी इस प्रतिभा से प्रिंटिंग प्रेस के मालिक बेहद

प्रभावित हुए। उन्होंने प्रकाश को भी नौकरी पर रख लिया। उन्हें प्रेस में टाइपसेटिंग और कंपोजिंग सिखाई। करीब आठ साल तक उन्होंने वहाँ काम किया। फिर चाचा के साथ ही कोलकाता आ गए। यहाँ दोनों ने एक अन्य प्रिंटिंग प्रेस ज्वॉइन कर ली। कोलकाता में काम करते हुए प्रकाश ने बंगाली, उड़िया और असमिया भाषाएँ भी सीख लीं। वे 1975 में मुंबई आ गए। यहाँ उन्हें एक प्रकाशन हाउस में नौकरी मिली थी। यह प्रकाशन अलग-अलग भाषाओं में पत्र-पत्रिकाएँ छापता था। चूँकि प्रकाश कई भाषाएँ जानते थे, इसलिए यहाँ प्रकाशन हाउस ने उन्हें नौकरी में प्राथमिकता दी। यहाँ पर गुजराती और मराठी लोग भी साथ में काम करते थे। प्रकाश को भाषाएँ सीखने में रुचि तो थी ही, सो अब वे मराठी और गुजराती भी सीख गए। दोनों में लिखना, पढ़ना, बोलना उन्हें आने लगा। बोलचाल में तो सिंधी भी सीख ली।

अब दक्षिण की ही भाषाएँ थीं, जो प्रकाश को नहीं आती थीं। सौभाग्य से उन्हें जहाँ रहने का ठिकाना मिला, उस इलाके में दक्षिण भारतीय लोग काफी तादाद में थे। उनके साथ का उन्होंने फायदा उठाया और तमिल, तेलुगु और मलयालयम भाषाएँ भी सीख लीं। इतनी सारी भाषाएँ सीखना आखिर खाली कैसे जाता! आज प्रकाश मुंबई में खुद एक प्रिंटिंग प्रेस के मालिक हैं। अलग-अलग भाषाओं की पत्र-पत्रिकाएँ उनकी प्रेस में छपती हैं और किसी भाषा की सामग्री उनके लिए कभी समस्या नहीं बनती।

तीसरी कहानी—इस अस्पताल में जो खाना परोसा जाता है, वह यहाँ सिर्फ पकता ही नहीं है, बल्कि उगाया भी जाता है। खासकर सब्जियाँ। चेन्नई के 'वॉलेंटरी हेल्थ सर्विस हॉस्पिटल' में गरीब मरीजों को मुफ्त खाना दिया जाता है। इसके लिए सब्जियाँ अस्पताल के ही किचन गार्डन में उगाई जाती हैं और किचन गार्डन भी कोई ऐसा-वैसा नहीं, अस्पताल के भारी-भरकम गार्डन स्पेस का करीब 30 फीसदी हिस्सा। इसी साल जनवरी में अस्पताल ने यह किचन गार्डन शुरू करने का फैसला किया और आज यहाँ से इतनी सब्जियाँ प्राप्त हो जाती हैं कि करीब 90 मरीजों को ताजा और स्वास्थ्यवर्धक खाना मिल जाता है।

वैसे तो अस्पताल में 300 बिस्तर हैं। लिहाजा अगले चरण में किचन गार्डन का विस्तार किए जाने की योजना है, ताकि सभी मरीजों के लिए वहाँ से सब्जियाँ मिल सकें। गार्डन में सब्जियाँ उगाने में अस्पताल का ही स्टाफ अपने खाली वक्त में सेवाएँ देता है। इस तरह सब्जियाँ उगाने में लागत भी कुछ खास नहीं आती।

फंडा यह है कि कोई फर्क नहीं पड़ता कि आप अकेले हैं या संगठित। सामान्य हैं या विकलांग। अगर आपका इरादा पक्का है तो कुछ भी हासिल करना मुश्किल नहीं।

□

शुभकामनाएँ कभी बरबाद नहीं जातीं

दूसरे सभी पिताओं की तरह उज्जैन के नारायणसिंह राजपूत को भी लगता था कि उनका बेटा परिवार की साख बढ़ाएगा। हालाँकि बाकी लोगों और राजपूत में फर्क यह था कि वे अपने 12 साल के बेटे अजय से यह अपेक्षा खेल के मारफत कर रहे थे। उन्हें लगता था कि अजय तैराकी में अपना और अपने परिवार का नाम रोशन करेगा। राजपूत खुद भी अच्छे तैराक थे। उज्जैन चूँकि मध्य प्रदेश का बहुत बड़ा शहर नहीं है, इसलिए वहाँ तैराकी की गतिविधियाँ चार महीने ही चलतीं। बाकी आठ महीने राजपूत लगातार बेटे से इस पर बात करते रहते, ताकि उसके भीतर इस खेल की तरफ रुचि बनी रहे।

इस लगातार चर्चा का असर भी वही हुआ, जो नारायण चाहते थे। अजय ने आठवीं कक्षा में आने तक अच्छी तैराकी सीख ली। उसने इस उम्र में कई स्कूल लेवल कॉम्पिटीशन में मेडल भी जीते। पिता की इच्छा धीरे-धीरे आकार ले रही थी, लेकिन शायद भाग्य को कुछ और ही मंजूर था। नारायण ने स्कूटर खरीदने की सोची। उन दिनों स्कूटर बड़ी चीज होती थी। कई महीनों तक नंबर लगे रहने के बाद उसकी डिलीवरी मिलती थी। बहरहाल, नारायण के स्कूटर की डिलीवरी का दिन आ ही गया। लेकिन जब वे अपने दोस्त के साथ इंदौर से स्कूटर लेकर उज्जैन आ रहे थे, एक ट्रक ने उन्हें टक्कर मार दी।

दुर्घटना में नारायण की मौके पर मौत हो गई। इस घटना से अजय को गहरा सदमा लगा। इसके कारण अजय की पढ़ाई का एक साल बरबाद हो गया। ये सन् 1986 की बात है। लेकिन वह अपने पिता की इच्छा नहीं भूला था। अब वह अपना वक्त और ऊर्जा तैराकी में ही लगा रहा था। तैराकी को लेकर पिता के कहे शब्द उसके दिमाग में गूँजते रहते थे। इसका नतीजा यह हुआ कि 16 राज्यों के 'ओपन स्विमिंग टूर्नामेंट' में उसने सिल्वर मेडल जीता। टूर्नामेंट मध्य प्रदेश स्विमिंग एसोसिएशन ने आयोजित किया

था। अब वह नेशनल लेवल तैराकी में मध्य प्रदेश का प्रतिनिधित्व करने लगा था। उसके बाद लगातार पाँच साल उसे मध्य प्रदेश और अपनी यूनिवर्सिटी के लिए तैराकी में बड़े अवॉर्ड मिले, लेकिन 12 अक्तूबर, 2005 को एक और दुर्घटना हो गई। अजय इंदौर स्टेशन पर चलती ट्रेन पर चढ़ने की कोशिश कर रहा था, तभी उसका संतुलन बिगड़ गया और वह ट्रैक पर गिर पड़ा। घुटने के नीचे से उसका दायाँ पैर कट गया। बाएँ पैर को किसी तरह रॉड डालकर बचाया गया। अजय के तैराकी के सपने का इस घटना के बाद लगभग अंत ही हो चुका था। फिर दिसंबर 2005 में एम्स, दिल्ली के डॉक्टरों ने 'जयपुर लेग' लगाकर उसे कुछ राहत दी। इसके बाद करीब एक साल तक कोच सुनील पारिख ने उसके भीतर तैराकी की लौ जगाए रखी।

उनकी प्रेरणा से अजय ने अपनी सच्चाई का सामना करना सीख लिया। अब वह नकली पैर के बावजूद डांस की प्रैक्टिस करते थे। कार चला रहे थे। अजय को मेडिकल ट्रीटमेंट के दौरान कई बार उज्जैन से दिल्ली जाना पड़ता था। कोच यह सुनिश्चित करते थे कि इलाज के बीच जब भी समय मिले, अजय दिल्ली में कहीं घूम आए। उनका मानना था कि इससे अजय को तनाव और अवसाद से बाहर आने में मदद मिलेगी। और ऐसा हुआ भी था।

साल 2006 में अजय ने कोच की प्रेरणा से एक बार फिर तैराकी की प्रैक्टिस शुरू की और एक साल के बाद सन् 2007 में उसने 'आठवीं नेशनल पैराओलिंपिक स्विमिंग चैंपियनशिप' में पुणे में सिल्वर मेडल जीता। इसके बाद जो सफर शुरू हुआ, वह अब तक जारी है। साल-दर-साल अजय हर 'नेशनल पैराओलिंपिक' में तैराकी के पदक जीत रहे हैं। कभी सिल्वर तो कभी गोल्ड।

फंडा यह है कि किसी से भी मिली शुभकामनाएँ कभी बरबाद नहीं जातीं। बशर्ते उनकी केयर की जाए। जीवन में कितने भी उतार-चढ़ाव आएँ, ये असर जरूर दिखाती हैं।

□

सदियों से आधुनिक प्रबंधन के गुर सिखा रहा है प्राचीन भारत

मानसून की पहली फुहारें किसी भी शहर में नए-नए मेहमान ले आती हैं। पहाड़ियों की ढलानों पर हरी-भरी घास। काले घोंघे, जो डामर की सड़कों पर भी अपने चलने के निशान छोड़ जाते हैं। दूर-दराज से आनेवाले प्रवासी पक्षी। जहाँ कहीं भी पानी इकट्ठा हो, वहाँ रात भर टर्र-टर्र करनेवाले मेढक। मोटी भेड़ों का झुंड, जिनके शरीर पर चरवाहे अकसर सिंदूरी रंग से हाथ के पंजों के निशान बना देते हैं। ऐसी ही और भी बहुत सी चीजें।

लेकिन इन सबके बीच पुणे में खास किस्म के मेहमान होते हैं, 'वारकरी'। ये सालाना 'वारी तीर्थयात्रा' पर जानेवाले यात्री होते हैं। अलंदी और देहू से पंढरपुर के बीच हजारों लोग हर साल इस तीर्थयात्रा पर रवाना होते हैं। अलंदी और देहू वे जगहें हैं, जो महाराष्ट्र के विख्यात समाज-सुधारक और कवि संत तुकाराम तथा ज्ञानेश्वर के लिए जानी जाती हैं। जबकि पंढरपुर भगवान् विट्ठल का धाम है। इन्हें 'महाराष्ट्र का संरक्षक' भी माना जाता है। यह पूरी यात्रा 221 किलोमीटर की है और 21 दिन में पूरी होती है। 'वारी यात्रा' के रास्ते पर पुणे पहला बड़ा शहर है, जहाँ तीर्थयात्रियों की भारी भीड़ जमा होती है। जून से 'वारकरी' पुणे में जुटना शुरू हो जाते हैं। आप उन्हें हर कहीं देख सकते हैं। बस स्टॉप पर अपनी गठरी या सूटकेस लिये हुए। भीड़ भरे बाजारों में एक-दो या इससे ज्यादा के झुंड में। कहीं किसी जगह पर वे अल्युमिनियम के बरतनों में अपने लिये खाना पकाते देखे जा सकते हैं। कहीं-कभी मॉल और मल्टीप्लेक्स को टकटकी बाँधकर निहारते हुए। शहर के बस स्टॉप वारकरियों से भरे रहते हैं। जाहिर तौर पर हर मिनट में आने-जानेवाली बसों के भी यही हाल होते हैं। 'वारकरी' सुबह पाँच बजे शहर छोड़ते हैं। हाथ में लहराता नारंगी बैनर, सिर पर सफेद

टोपी और जुबान पर 'जय, जय राम कृष्ण हरि' का नारा। यही इनकी पहचान है। सबकुछ बड़ा ही सम्मोहक होता है। हर समूह में सैकड़ों 'डिंडी' होते हैं। 'डिंडी' उन लोगों के छोटे समूह को कहते हैं, जो हर साल 'वारी यात्रा' पर जाते हैं। 'डिंडी' का हर सदस्य एक निश्चित राशि देता है, ताकि यात्रा के दौरान समूह के खाने-पीने, रहने और दूसरे खर्चों का इंतजाम हो सके। 'डिंडी' पालकी लेकर चलते हैं। इनमें संत ज्ञानेश्वर और तुकाराम की पादुकाएँ होती हैं। पालकी सजी-धजी बैलगाड़ी (रथ) पर होती है। इस बैलगाड़ी के बैल-यात्रा के दौरान हर रोज बदले जाते हैं। इस रथ के लिए पूरे महाराष्ट्र के किसान अपने बैलों के साथ सेवा देने को तैयार रहते हैं।

'वारकरी' अपने साथ बहुत ज्यादा सामान लेकर नहीं चलते। ज्यादातर एक सूती झोला लिये होते हैं। इसमें पहनने के लिए एक-दो जोड़ी कपड़े, खाने का कुछ सामान और पीने के लिए पानी होता है। लगभग हर यात्री के गले में झाँझ-मजीरा लटका होता है। 'डिंडियों' का एक 'बुआ' होता है। 'बुआ' यानी समूह का नेता। समूह में पखावज बजानेवाले के साथ गाने-बजाने की अगुआई भी 'बुआ' ही करते हैं। वे 'अभंग' गाना शुरू करते हैं और 'डिंडी' के सदस्य उनका साथ देते हैं। 'अभंग' वे गीत हैं, जो महाराष्ट्र में भक्ति आंदोलन के अगुआ संतों ने लिखे हैं। सुनने में बहुत ही मधुर लगते हैं ये 'अभंग'। नियमित और पंजीकृत वारकरियों के अलावा कुछ ऐसे लोग भी होते हैं, जो अपने स्तर पर ही हर साल तीर्थयात्रा पर जाते हैं। इसलिए क्योंकि डिंडियों में शामिल होने के लिए उनके पास पैसे नहीं होते। यात्रा के रास्ते में पड़नेवाले गाँवों में ऐसे यात्रियों के लिए विशेष इंतजाम होते हैं। उनके खाने-पीने के लिए गाँववाले सामुदायिक रसोई की व्यवस्था रखते हैं। उनके आराम के लिए, रुकने-ठहरने के लिए गाँवों के मंदिर, स्कूल वगैरह यात्रा के समय हमेशा खुले रहते हैं।

फंडा यह है कि अगर आप बारिश के दौरान काम से थोड़ी छुट्टी लें और देश में कहीं घूमने जाएँ तो आपको 'प्राचीन भारत' के दर्शन हो जाएँगे। वह भारत, जिसे हम लगभग भुला चुके हैं। वह भारत, जो हमें त्याग और बलिदान सिखाता है। एक-दूसरे के प्रति निष्ठा रखना, मिल-जुलकर रहना, वादे निभाना, एक टीम के तौर पर काम करना और भी न जाने क्या कुछ! आधुनिक प्रबंधन की हर अवधारणा को इस प्राचीन भारत से सीखा जाता है।

□

जनता के आक्रोश को शांत करना आसान नहीं

दो सप्ताह पहले 40 साल के वकील बिरकिन इसिन एक पार्क में दोपहर दो बजे अपने मित्रों के साथ बैठकर कॉफी पी रहे थे। यह पार्क तुर्की के इस्तांबुल शहर में तकसीम चौराहे पर है। उन लोगों के बीच सरकार द्वारा तकसीम स्क्वायर को ओटोमन युग के फौजी बैरकों की डिजाइन के शॉपिंग मॉल में बदलने के निर्णय पर बहस चल रही थी। ओटोमन सुल्तान सलीम 'तृतीय' के शासनकाल (1789-1807) के दौरान 1806 में तकसीम मिलिट्री बैरकों या हलीलपाशा आर्टिलरी बैरकों का निर्माण हुआ था। 31 मार्च, 1909 को बैरकों की बिल्डिंग को भारी नुकसान पहुँचा था। सन् 1921 में बैरकों के अंदरूनी गलियारे को तकसीम स्टेडियम में बदल दिया गया। घनी आबादीवाले इस्तांबुल शहर के बीच में पार्क एकमात्र ऐसी जगह है, जहाँ लोग खुली हवा और हरियाली का आनंद ले सकते हैं। यह शहर का अकेला स्थान है, जहाँ फ्लैश मॉब, म्यूजिक कंसर्ट, थिएटर, फोटो एक्जीबिशन जैसे कार्यक्रम आयोजित किए जाते हैं। लगभग 2:15 बजे इन तीन लोगों ने देखा कि एक बुलडोजर पार्क की तरफ बढ़ रहा है। वहाँ और बुलडोजर आ पाते, इसके पहले इन तीन मित्रों ने अपने सभी दोस्तों को पार्क को विनाश से बचाने के लिए बुला लिया। सरकार कुछ समझ पाती, इसके पहले ही यह सब एक राष्ट्रीय संकट बन गया था। इस बीच तुर्की के प्रधानमंत्री रेसेप तैयिप एरदोगान ने अंकारा में अपने समर्थकों की सभा में सरकार विरोधी प्रदर्शनकारियों को 'लुटेरा' करार दिया।

उन्होंने कहा कि सरकार के धैर्य की परीक्षा ली जा रही है। धर्मनिरपेक्ष देश तुर्की इन विरोध प्रदर्शनों से हिल गया है। आबादी के बहुत बड़े वर्ग को देश में तानाशाही के

पनपने की आशंका है। पुलिस द्वारा प्रदर्शनकारियों को पार्क से हटाने के लिए आँसू गैस और पानी की बौछारों का प्रयोग कोई काम नहीं आया। धीरे–धीरे पार्क को बचाने का आंदोलन एक राष्ट्रीय मुद्दा बन गया और प्रधानमंत्री की कुरसी को खतरा पैदा हो गया। पिछले रविवार को एरदोगान ने पार्क में प्रदर्शन कर रहे लोगों पर मसजिद में बीयर पीने और महिलाओं के साथ छेड़छाड़ का आरोप लगाया। लेकिन जनता अपने नेताओं की बात सुनने के लिए तैयार नहीं है और वह पार्क में डटी हुई है। लेकिन इस प्रक्रिया में हुआ यह कि कुछ पर्यावरण एक्टिविस्टों द्वारा एक पार्क को बचाने के लिए सरकार के खिलाफ छेड़ी गई मुहिम अलग–थलग पड़े तुर्की नागरिकों की आवाज बन गई। ये शासन करनेवाले कुलीनों के खिलाफ अपने आक्रोश का इजहार करने के मामले में एकजुट हैं। जब लाखों लोग किसी क्षेत्र में एकत्र होते हैं तो वे अपने दु:ख–दर्द सुनाते हैं और इससे सरकार के खिलाफ गुस्सा भड़कता है। पार्क के समर्थन में छेड़े गए हस्ताक्षर अभियान में 2,40000 लोगों ने दस्तखत किए। वैसे एक करोड़ 40 लाख की आबादी के शहर में यह संख्या बहुत बड़ी नहीं है, लेकिन सरकार विरोधी लहर को महसूस किया जा सकता है। इसकी तुलना दिल्ली में 'निर्भया दुष्कर्म' मामले में हुए विरोध प्रदर्शनों से नहीं की जा सकती है। यह प्रदर्शन राष्ट्रीय मुद्दा बन रहे थे। सरकार को आक्रोशित नागरिकों, जिनके पास कोई राजनीतिक समर्थन नहीं था, से बातचीत के लिए आगे आना पड़ा था। हम इस तरह के विरोध प्रदर्शनों के नतीजों के बारे में कुछ नहीं कहना चाहते। लेकिन आम तौर पर महसूस किया जाता है कि नागरिकों का गुस्सा फूटना सरकार के लिए अच्छा संकेत नहीं है।

फंडा यह है कि आक्रोश एक क्षण में फूटता है, खास तौर से जब उसे कोई उकसाए नहीं और उसके पीछे कोई राजनीतिक इरादा न हो। यह सरकार या नेता पर निर्भर करता है कि वह इस पर विचार करे कि उसे भड़कने दिया जाए या शांत किया जाए।

□

डर, आशा और लालच हमेशा बिकते हैं

अमेरिका के मेरीलैंड के पूर्वी और पश्चिमी किनारों को मिलानेवाला 'द विलियम प्रेस्टन लेन जूनियर मेमोरियल ब्रिज चेसापीक बे' करीब-करीब पाँच मील क्षेत्र में फैला है। इसकी सबसे ज्यादा ऊँचाई 186 फीट है और यह नियमित रूप से भयंकर तूफानों की चपेट में आता रहता है। बाल्टीमोर और वॉशिंगटन के निवासी जब भी इसे पार करते हैं, उनकी रूह काँप जाती है। सन् 1952 में पहली बार खोले गए इस पुल को 'ट्रेवल ऐंड लेजर मैग्जीन' ने दुनिया का नौवाँ सबसे डरावना पुल चुना है। इसकी वजह मेरीलैंड के बाशिंदों में इसके चलते पैदा होनेवाला डर है। जब मौसम खराब होता है (जैसा कि इस इलाके में अकसर होता है), तो पुल के बीच में पहुँचे ड्राइवर इसके छोरों को मुश्किल से देख पाते हैं। बड़े-बड़े जहाज पुल के नीचे से गुजरते हैं। अच्छे मौसम में भी पुल को पार करना काफी मुश्किल होता है। ड्राइवर को पहले ढलान पर उतरना होता है, फिर अचानक उन्हें ऊँचाई पर जाना होता है। ऊपर बनी छत के चलते पुल किसी सुरंग की तरह लगता है। पुल की इसी भयावहता ने एलेक्स रॉबिंसन और उनके परिवार को बिजनेस का एक नया आइडिया दिया। उन्होंने कार मालिकों के लिए ड्राइविंग सर्विस की शुरुआत की। वे कार को ड्राइव कर पुल के दूसरी ओर तक ले जाते हैं, जिससे कार के मालिक इस डरावने अनुभव से बच सकें। वे 25 डॉलर के बदले कार को एक से दूसरे छोर तक ले जाते हैं, क्योंकि अकसर कार मालिक इसकी हिम्मत नहीं जुटा पाते।

रॉबिंसन की माँ और सौतेले पिता ने पाँच साल पहले इस व्यवसाय की शुरुआत की थी। रॉबिंसन के जुड़ने के साथ इसमें कॉरपोरेट कल्चर की शुरुआत हुई। इस अनोखे व्यवसाय में उन्हें एक मनोवैज्ञानिक की तरह सोचना पड़ता है, हालाँकि वे खुद को एक शौकिया मनोवैज्ञानिक ही मानते हैं। वे केवल ऐसे ड्राइवर्स को ही नियुक्त करते

हैं, जो जोश से भरे हों। ड्राइवर को स्पष्ट बताया जाता है कि पुल को पार करने में लगनेवाले 10–15 मिनट के दौरान पुल की चर्चा बिल्कुल न करें। वे किन विषयों पर बात कर सकते हैं, नए ड्राइवर्स को इसका विशेष प्रशिक्षण दिया जाता है। इतना ही नहीं, टीवी पर आनेवाले करेंट अफेयर्स डिबेट की तरह रॉबिंसन रोज उन्हें बातचीत के लिए नए विषय देते हैं।

अलग-अलग विषयों पर बातचीत करने से ड्राइवर अपनी थकान और चिंताओं से दूर हो जाता है। उन्हें सलाह दी जाती है कि वे अपने बच्चों या पहली गर्लफ्रेंड के बारे में बातचीत करें, जिससे डर उनके दिमाग से जाता रहे। कार चलाता हुआ ड्राइवर बातचीत कर रहा होता है, जबकि पिछली सीट पर बैठे लोग अकसर डर के मारे चेहरे को हैट से ढक लेते हैं और कान बंद कर लेते हैं। वहीं महिलाएँ अकसर कंबल से खुद को ढक लेती हैं। 'मेमोरियल डे वीकेंड' के दौरान, जो पूर्वी इलाकों के शहरों के लिए सालाना धार्मिक जलसे का समय होता है, एक सप्ताह में 5800 से ज्यादा लोगों ने रॉबिंसन की सेवा का लाभ उठाया।

फंडा यह है कि बिकनेवाली हर चीज डर, उम्मीद या लालच की श्रेणी में आती है। यही कारण है कि दुनिया भर की वाटर प्यूरिफायर कंपनियाँ अशुद्ध पानी के खतरों का डर फैलाती हैं और फिर इससे बचने का ऐसा समाधान पेश करती हैं, जिससे हम इनकार नहीं कर सकते।

□

काम अगले लेवल पर ले जाएँ तो दूसरी चीजें मायने नहीं रखतीं

वे 'रामचरितमानस' से जुड़ा प्रसंग सुना रही थीं। तभी उन्होंने अपनी आँखें बंद कर लीं। सुननेवालों ने भी ऐसा ही किया। कहानी जारी थी। जटायु कह रहे थे, 'मैंने तभी एक जोर की चीख सुनी। वह सीता थीं। मैं आकाश में ऊँचाई की ओर उड़ा तो दस सिरवाले रावण को देखा। सीता को उस हालत में देखकर मैं बहुत डर गया। मैं सोच नहीं पा रहा था कि सीता के बिछड़ जाने से श्रीराम के दिल पर क्या गुजर रही होगी! उन्हें जब इसका पता चलेगा तो कितने दुःखी होंगे! कितने क्रोधित होंगे।' जटायु बता रहे थे, 'मुझे उस वक्त बहुत गुस्सा आया। मैं तेजी से रावण की तरफ लपका, ताकि उसे मारकर सीता की रक्षा कर सकूँ। मैं जैसे ही रावण के विमान पर पहुँचा, उससे मेरा युद्ध छिड़ गया। मैंने उस पर कई वार किए, लेकिन इसका कोई प्रभाव नहीं पड़ा। रावण बहुत बलशाली था और मैं बूढ़ा। मैं जल्द ही थक गया, पर हार नहीं मानी, लड़ता रहा, क्योंकि मैं उस वक्त सिर्फ श्रीराम के बारे में सोच रहा था। इससे मुझे रावण से मुकाबले की शक्ति मिल रही थी।'

जटायु ने आगे कहा, 'रावण युवा था। ताकतवर भी। उसने तेजी से मुझ पर वार किया। मेरा एक पंख काट दिया। मैं नीचे गिर गया। रावण सीता को लेकर आकाश मार्ग से आगे बढ़ गया। गिरते समय मेरी आँखों में अफसोस के आँसू थे। मैंने सीता से क्षमा माँगी कि मैं उन्हें बचा नहीं सका। उन्होंने मुझे पलटकर देखा। उनकी आँखें मुझसे कह रही थीं कि मैंने उन्हें बचाने के लिए पूरी कोशिश की थी। जमीन पर गिरने के बावजूद मैं खुद से संघर्ष करता रहा। श्रीराम को पुकारता रहा, ताकि वे मेरी पुकार सुनें और जल्द-से-जल्द मुझ तक पहुँच जाएँ।'

जटायु बोले जा रहे थे, 'यम देवता तेजी से मेरी ओर बढ़ रहे थे, लेकिन मुझे श्रीराम

को पूरी घटना बतानी थी। जब श्रीराम-लक्ष्मण मेरे पास आए तो मैंने उन्हें पूरा किस्सा सुना दिया। उन्हें दक्षिण की ओर जाने को कहा। मैंने श्रीराम से भी क्षमा माँगी कि मैं सीता की रक्षा नहीं कर सका, लेकिन श्रीराम ने मुझे दिलासा दी। मेरे शरीर को अपने हाथों में लेकर कहा, 'कोई बात नहीं।' इससे मुझे बड़ी राहत मिली। यम देव अब भी मेरे सामने खड़े थे। अब उनके साथ जाने में मुझे कोई हिचक नहीं थी। मैं उनके साथ चल दिया।'

यह कहानी सुनाते-सुनाते उन साध्वी की बंद आँखों से आँसू लुढ़ककर गालों पर आ गए थे। सामने बैठे श्रोताओं की भी यह दशा थी। सुननेवालों में ज्यादातर बुजुर्ग थे। उनके लिए कथा सुनानेवाली वह 34 साल की साध्वी उस वक्त किसी देवदूत से कम नहीं लग रही थीं। करीब एक हजार लोग थे पांडाल में। लेकिन सन्नाटा ऐसा कि सुई के गिरने की भी आवाज सुनाई दे जाए। हर एक के चेहरे पर भक्ति के भाव साफ नजर आ रहे थे। सब-के-सब आनंद में मगन थे।

तीन घंटे कथा चली। इस दौरान किसी फोन की कोई घंटी तक नहीं सुनाई दी। पांडाल में बैठे ज्यादातर लोगों ने जटायु की यह कहानी सुन रखी थी, लेकिन उन्हें आज जटायु की जिस अहमियत का पता चला, वैसा पहले कभी नहीं हुआ था। आज उन्होंने समझा कि जटायु ने यह जानते हुए भी कि वह सीता को बचा नहीं पाएँगे, अपनी जान दाँव पर लगा दी। यह बोध उन्हें कराया था, विशाखा हरि ने। पेशे से चार्टर्ड अकाउंटेंट (सीए) हैं, लेकिन हरिकथा सुनाने में उनकी मास्टरी है। उन्होंने सीए किया, क्योंकि उनके दोस्त यही कर रहे थे।

परिवार ने भी उन पर दबाव बना रखा था। विशाखा ने सीए की परीक्षा पास भी की, लेकिन हरिकथा से उनका लगाव उन्हें अपनी ओर खींच लाया। अब वे यही काम कर रही हैं। अंग्रेजी में भगवान् के जीवन से जुड़े प्रसंगों का बखान करती हैं। लंदन, सिंगापुर, दुबई, क्लीवलैंड जैसे दूर देश की कई जगहों पर वे हरिकथा कह चुकी हैं। उन्हें देखकर कोई भी अचरज में पड़ जाता है। जाहिर भी है, वे जो कर रही हैं, वह आम तौर पर बुजुर्गों का काम माना जाता है, लेकिन विशाखा ने मिथक तोड़ दिया है।

फंडा यह है कि कोई फर्क नहीं पड़ता कि आपकी उम्र कितनी है। आप कितने वरिष्ठ हैं। कितने पढ़े-लिखे हैं। खासकर तब, जबकि आप अपने काम को अगले लेवल तक ले जाते हैं और नए स्टैंडर्ड स्थापित करते हैं।

□

स्कूल-कॉलेज के 'ड्रॉप आउट' जिंदगी में पीछे रहें, जरूरी नहीं

सेलेब्रिटी की कहानी—वह झूठा है। असभ्य है। उसने अपनी उम्र के संबंध में गलत जानकारी दी है। इसलिए बीसीसीआई की 'इनडोर क्रिकेट अकादमी' में उसे नहीं रहना चाहिए। उसे बाहर कर दिया जाना चाहिए। चार साल पहले सन् 2009 में जब उसने हैरिस शील्ड में 439 रन बनाए तो कुछ इसी तरह उसके खिलाफ दलीलें दी गईं। तब वह पंद्रह साल का था। वह रोज स्कूल नहीं जाता था, इसलिए उसे क्रिकेट के सत्र के बीच ट्यूशन दी जाती थी। लेकिन इन्हीं आलोचनाओं के बीच उसने जूनियर क्रिकेट सीरीज में दक्षिण अफ्रीका के एक गेंदबाज की खूब धुनाई की। महज 66 गेंदों पर 101 रन बना दिए। इस पर विपक्षी टीम ने उनके खिलाफ कमेंट किए। लेकिन उसने कुछ नहीं कहा। कहता भी कैसे? वह अंग्रेजी का एक शब्द भी नहीं समझता था। लेकिन सरफराज खान एक चीज तो अच्छी तरह समझता था। वह यह कि वह भी एक दिन युवराज सिंह, विराट कोहली, चेतेश्वर पुजारा की तरह ऊँचाई पा सकता है। इसलिए वह चुपचाप रन बनाता रहा। अपने काम में लगा रहा और बीते सोमवार को ही उसे भारत की 'अंडर-19 वर्ल्ड कप टीम' में जगह दी गई है। यानी अब लोग उसके बल्ले की ही चर्चा करेंगे, आलोचना नहीं।

आम आदमी की कहानी—अंगद दरयानी को यह बेहद पसंद है कि ऑटोमेशन, रोबोटिक, इलेक्ट्रॉनिक आर्ट से जुड़े स्रोत सबके लिए खुले हों, ताकि सब लोग इस तरह के प्रोजेक्ट को अंजाम दे सकें। लेकिन अंगद की भी कई लोग आलोचना करते हैं। उसे 'ड्रॉप आउट' कहा जाता है, क्योंकि उसने नौवीं कक्षा के बाद स्कूल जाना छोड़ दिया था। आम तौर पर यह वो साल होता है, जब बच्चे अपने भविष्य पर गंभीरता से ध्यान

केंद्रित करना शुरू करते हैं। इससे आगे 10वीं और 12वीं की बोर्ड परीक्षा होती है। फिर कॅरियर एक दिशा लेता है। लेकिन अंगद ने यहीं से स्कूल छोड़ दिया। हालाँकि वह पढ़ाई में बुरा नहीं था। कक्षा के टॉप तीन बच्चों में उसकी गिनती होती थी। लेकिन उसे लगा कि वह स्कूल और ट्यूशन में बहुत ज्यादा टाइम खराब कर रहा है और यहाँ से उसे जो ज्ञान मिल रहा है, वह जिंदगी में ज्यादा काम भी नहीं आनेवाला। सो बस उसने वहीं फुल स्टॉप लगा दिया। इसके बाद पूरा एक साल यों ही बरबाद चला गया। स्कूल का कोई स्टूडेंट उससे मिलने नहीं आता था। उसकी जिंदगी उसके अपने एक कंप्यूटर और कुछ इंजीनियरों तक सिमटकर रह गई थी।

अंगद के माता-पिता उसे लेकर चिंतित हो रहे थे। लेकिन तभी अंगद की प्रतिभा का नमूना सामने आया। पिछले शनिवार को इस 15 साल के बच्चे ने 3डी प्रिंटर विकसित किया। निश्चित रूप से यह डिवाइस भारत या दुनिया में पहला नहीं है। लेकिन अंगद इस डिवाइस की तकनीक को क्रैक करनेवाला दुनिया का सबसे कम उम्र का शख्स जरूर है। उसका 3डी प्रिंटर कीमत में भी बाकियों से 500 फीसदी तक कम है। बाजार में मौजूद 3डी प्रिंटर्स की कीमत एक लाख रुपए से ज्यादा है। लेकिन अंगद की डिवाइस की कीमत 18 से 20 हजार रुपए के बीच ही है। सिर्फ यही नहीं, अंगद के इस 3डी प्रिंटर की किट इस तरह की है कि उसे कोई भी असेंबल कर सकता है। इस बच्चे का लक्ष्य बहुत साधारण है। वह यह कि वह आम आदमी के लिए महँगी पड़ रही हर चीज को कम दाम में लोगों के लिए तैयार कर सके। अब वह वर्वरुअल ब्रेलर बनाने की कोशिश में जुटा है। दृष्टिहीनों के लिए यह डिवाइस काम आएगी। ये पीडीएफ और टेक्स्ट फाइलों को रियल टाइम में कन्वर्ट करेगी। इसे बनाने के लिए युवा टेक जीनियस अंगद आईआईटी बॉम्बे में 'ट्री लैब्स' के कुछ पी.एच.डी. स्टूडेंट्स के साथ काम कर रहा है।

फंडा यह है कि उन लोगों को 'ड्रॉप आउट' करने के बजाय 'वॉक आउट' कहना चाहिए, क्योंकि इनमें से ज्यादातर वे लोग होते हैं, जो अपनी ताकत की आजमाइश के लिए एक सैट पैटर्न से बाहर आते हैं।

□

कुछ लोग जिंदगी के गणित में गलत नहीं होते

वे मैथ टीचर थे। नागपुर के सरस्वती विद्यालय में पढ़ाते थे। चार दशक के उनके कॅरियर में करीब 50 हजार स्टूडेंट्स उनसे लाभान्वित हुए। अस्सी साल के इस शख्स के अंतिम संस्कार के लिए दो जनवरी को कुछेक लोग ही जुटे थे। कोई पंडित नहीं। रीति-रिवाज नहीं। बस एक असहज शांति जरूर पसरी हुई थी, क्योंकि अंतिम संस्कार नागपुर के गवर्नमेंट मेडिकल कॉलेज के एनाटॉमी विभाग के डीन के ऑफिस के बाहर हो रहा था। कुछ पेपर बचे साइन करने के लिए। जैसे दिवंगत मनोहर एस. कारखानिस के परिवारवालों ने कागजात पर साइन किए, अंतिम संस्कार की रस्में पूरी हो गईं। हेल्पर स्ट्रेचर पर रखी देह को विभाग के उस हिस्से की ओर धकेलकर ले चला, जहाँ उसे रखा जाना था।

कारखानिस 40 साल तक स्टूडेंट्स को पढ़ाते रहे। लेकिन उनके भीतर का शिक्षक इतने पर भी संतुष्ट नहीं था। मरने के पहले से उन्होंने इच्छा जताई थी कि उनकी देह मेडिकल कॉलेज को दान की जाए, ताकि स्टूडेंट्स प्रैक्टिकल कर सकें। उनका बेजान शरीर जिंदगी के बाद भी नौकरी पर था। जो लोग उन्हें जानते थे, उनमें से किसी को इस पर अचरज नहीं हुआ कि उन्होंने मेडिकल स्टूडेंट्स की पढ़ाई के लिए अपनी देह दान कर दी। टीचिंग के लिए उनका प्रेम और समर्पण ही ऐसा था। कारखानिस के छात्रों में से एक मैं भी हूँ। मैंने दस साल उस स्कूल में गुजारे, जहाँ वे पढ़ाते थे। मुझे उनके बारे में जो सबसे अहम और पहली चीज याद है, वह उनकी खुद पर निर्भरता।

उन्होंने कभी मुझे या किसी भी स्टूडेंट को चॉक के टुकड़े लाने के लिए स्टाफ रूम की ओर नहीं दौड़ाया। मुझे जब भी यह काम करने को कहा जाता तो बहुत बुरा लगता। मुझे पसंद नहीं था यह सब। मैं कद में छोटा था। इसलिए सबसे आगे बिठाया जाता था। मेरी बेंच दरवाजे से लगती हुई थी। इसलिए ज्यादातर मुझे ही टीचर्स चॉक लाने के लिए

दौड़ा देते थे। खैर, दूसरी चीज, जो कारखानिस सर की मुझे याद आती है, वह उनका मुसकराता हुआ चेहरा। तीसरी बात, हम सबको वे हमेशा सवाल पूछने के लिए प्रोत्साहित करते थे और पूरे धीरज के साथ एक-एक को जवाब भी देते थे। और चौथी बात, वे कभी शिकायत नहीं करते थे। ऐसा नहीं है कि कारखानिस सर के पास शिकायत के लिए कुछ था ही नहीं। बहुत कुछ था उनके जीवन में, जिसकी वे शिकायत कर सकते थे। मध्य प्रदेश के उज्जैन में वे पले-बढ़े थे। घर कहने के लिए कोई मकान तक नहीं था उनके पास। माता-पिता भी नहीं थे। बहुत पहले ही गुजर गए थे। परिवार के नाम पर सिर्फ बड़े भाई थे। अपनी पढ़ाई के खर्च का बड़ा हिस्सा भी उन्होंने खुद ही उठाया। अपने पोतों को उन्होंने उच्च शिक्षा के लिए हार्वर्ड भेजा। और इस सब के बीच पूरे परिवार को कभी बिखरने नहीं दिया। परिवार को एक सूत्र में बाँधकर रखने की उनकी क्षमता भी गजब की थी। उनका आत्मनिर्भरता का गुण तो बेहद ही प्रेरक था। कारखानिस सर की बेटी स्मिता मेरे साथ पढ़ती थी। उसने मुझे बताया था कि उन्होंने उम्र के आखिरी दौर में भी किसी से मदद नहीं ली। हर रोज सुबह चार बजे घूमने जाते थे। घर में पानी का पंप चालू करना, अपने हाथ से नाश्ता बनाना, बच्चों को सुबह-सुबह पढ़ाना। करीब 50 साल तक उनका यही रूटीन रहा। उनकी पत्नी को सन् 2004 में स्ट्रोक आया और 2013 में निधन हो गया।

स्मिता बताती हैं कि माँ के आखिरी पल तक उनके लिए पिता (कारखनीस सर) का प्यार कम नहीं हुआ। बीमारी के बाद नौ साल तक उनकी एक ही प्राथमिकता थी, पत्नी का हर वक्त खयाल रखना। इस दौरान भी उन्होंने कभी कोई शिकायत नहीं की। वे पत्नी से कितना प्यार करते थे, इसका अंदाजा इसी से लग सकता है कि उनकी मौत के तीन महीनें बाद ही सर भी दुनिया से विदा ले गए। शायद वे अपने पहले प्यार की दूसरी किसी दुनिया में भी देखभाल करते रहना चाहते थे। लेकिन अपने दूसरे प्यार यानी स्टूडेंट्स को भी वे छोड़ नहीं सकते थे। इसलिए अपनी देह को यहीं, इसी दुनिया में इस दूसरे प्यार के लिए दान कर गए।

फंडा यह है कि बहुत कम लोगों में सबकुछ स्वीकार करने की इच्छाशक्ति होती है। और जीवन की हर वास्तविकता के साथ तालमेल बिठाने की भी। कारखानिस सर के जैसे लोगों की जगह कभी नहीं भर सकती। यह बेहद मुश्किल है।

□

विरोध करने से पहले जानिए, फिर बोलिए

केस स्टडी—सुशील शुक्ला मध्य प्रदेश के इंदौर शहर में स्टूडेंट है। कॉलेज में पढ़ता है। इस साल 31 दिसंबर और एक जनवरी की दरम्यानी रात वह और उसके कुछ दोस्त एक छात्रा को घर छोड़ने गए। इससे पहले उन सभी ने पार्टी की थी। इसमें किसी ने शराब नहीं पी थी। जब वे छात्रा को छोड़कर लौट रहे थे तो उनकी गाड़ी चेकिंग के लिए रोकी गई। सुशील का ड्राइविंग लाइसेंस चेक किया गया और इंश्योरेंस पेपर माँगे गए। उसके पास सभी कागज थे, सिर्फ इंश्योरेंस पेपर नहीं थे। दरअसल, इंश्योरेंस कंपनी से नए कागज मिले ही नहीं थे। मोबाइल पर इंश्योरेंस कंपनी ने एक एसएमएस भेजा था, जिसमें लिखा था कि इंश्यारेंस पॉलिसी रिन्यू हो चुकी है, दस्तावेज जल्द ही उसके पते पर भेज दिए जाएँगे। इसमें पॉलिसी नंबर और तारीख भी बताई गई थी। लेकिन पुलिसवाले कहाँ मानने चले! उन्होंने सुशील और उसके दोस्तों को खूब बेइज्जत किया। छात्रों का दावा है कि मौके पर मौजूद सब-इंस्पेक्टर ने कहा, 'तुम पढ़े-लिखे गँवारों को मैं डंडे दूँगा तो सारी अकल ठिकाने आ जाएगी।' अब इन छात्रों का मुद्दा यह है कि क्या उस सब इंस्पेक्टर को इस तरह किसी को बेइज्जत करने की छूट मिली हुई है? उस दिन के बाद से ये सभी लड़के कई महत्त्वपूर्ण जगहों पर दस्तक दे चुके हैं। जिम्मेदार अधिकारियों को पत्र लिख रहे हैं। हालाँकि अब तक ये सभी इधर-उधर चक्कर ही लगा रहे हैं। उन्हें कोई नतीजा नहीं मिला है।

संभावित समाधान—सरकारी कर्मचारी, खासकर पुलिसवाले ड्यूटी के वक्त आम आदमी से बात करते हुए इज्जत से पेश क्यों नहीं आते? क्या केंद्र और राज्य सरकारों ने कर्मचारियों के लिए व्यवहार संबंधी कोई गाइडलाइंस तय की हैं? अगर 'हाँ' तो वे क्या हैं? क्या सरकारी कर्मचारियों को आम जनता से अच्छे व्यवहार का प्रशिक्षण दिया गया है? क्या इस तरह का प्रशिक्षण उनकी ट्रेनिंग का हिस्सा है? 6

जनवरी को इलाहाबाद हाईकोर्ट की लखनऊ बेंच ने केंद्र और राज्य सरकार से इन सवालों का जवाब माँगा है। दो हफ्ते के अंदर सरकारों को हलफनामा देकर इन सवालों के जवाब देना है। हाईकोर्ट में 'नैतिक पार्टी' नामक दल ने याचिका लगाई है। संस्था ने कोर्ट को बताया कि उसने एक सर्वे किया है। इसमें सामने आया है कि सरकारी कर्मचारी, खासकर पुलिसवाले आम जनता से अच्छा व्यवहार नहीं करते। संस्था के वकील सी.बी. पांडे के मुताबिक, 'संविधान में कहा गया है कि आम आदमी की गरिमा की रक्षा करना सरकार की जिम्मेदारी है। संविधान के अनुच्छेद 21 में कहा गया है कि सरकार नागरिकों को गरिमा और सम्मानपूर्ण जिंदगी जीने का अवसर उपलब्ध कराएगी। लेकिन संविधान के इस प्रावधान को पूरी तरह नजरंदाज किया जा रहा है।'

वे कहते हैं, 'जब भी सरकारी कर्मचारी किसी विधायक या सांसद से बात करते हैं तो उनकी जुबान में नरमी होती है। लेकिन जब वे किसी आम आदमी, खासकर गरीब या दलित से बात करते हैं तो उनका व्यवहार अशिष्ट हो जाता है। इस तरह संविधान की भावना का उल्लंघन होता है।' हाईकोर्ट की बेंच ने इस मुद्दे को गंभीरता से लिया है।

कोर्ट ने खुद पहल करते हुए इस मामले में सरकारों को नोटिस जारी किया। वरिष्ठ वकील आई.बी. सिंह को कोर्ट ने 'न्याय मित्र' भी नियुक्त किया है, ताकि मामले में उनसे सहयोग लिया जा सके। अब कुछ सवाल। हममें से कितने लोग जानते हैं कि संविधान हमारे मूल अधिकारों का संरक्षण करता है? कितने लोग मानते हैं कि उनके साथ सम्मानित व्यवहार किया जाना चाहिए? चाहे भले ही वह सरकारी कर्मचारी हो, पुलिसवाला या कोई और? जब तक हम गलत साबित नहीं होते, उसे हमारे साथ बदसलूकी करने का अधिकार नहीं है? इन सवालों के जवाब कई लोगों के पास 'हाँ' में होंगे। लेकिन हो सकता है, कुछ के पास 'न' में भी हों। तो फिर?

फंडा यह है कि अगर आप किसी घटनाक्रम से परेशान हैं। कहीं आपको दरकिनार किए जाने का अहसास हो रहा है तो विरोध करने से बेहतर है कि आप ज्ञान हासिल कीजिए। जानकारियाँ जुटाइए। फिर मोरचा खोलिए। जीत आपकी होगी।

□

इनसान और ओक के पेड़ की तरक्की में काफी समानता है

वह कुछ-कुछ प्रेशर कुकर हालात में बड़ा हुआ था। यानी बहुत ही दबाववाली स्थितियों में। अपने पिता से बहुत डरता था। लेकिन उन पर उसे भरोसा भी बहुत था। पिता उसके हीरो थे। वह उनकी पूजा करता था। क्यों? क्योंकि कितना भी व्यस्त शेड्यूल हो, जब भी उसे जरूरत पड़ी, वे हमेशा मौके पर मौजूद रहे। उन्होंने उसके स्कूल के हर कार्यक्रम को अटैंड किया। यहाँ तक कि वे उसके स्कूल के हर दोस्त को जानते थे। वास्तव में देखा जाए तो उसके पिता बहुत शानदार इनसान थे। ये बात और है कि वे थोड़े सख्त थे। अपने पिता की इसी सख्ती से वह भयभीत रहता था। इतना भयग्रस्त कि एक बार तो वह बीमार पड़ गया। पिता ने क्या किया? उन्होंने अपनी हर बिजनेस मीटिंग कैंसिल कर दीं। सभी टूर और ट्रेवल के कार्यक्रम रद्द कर दिए। सेक्रेटरी को घर पर ही बुला लिया। जितनी बेहद जरूरी मीटिंग थीं, वे घर पर ही कीं। और यह सिर्फ एक दिन की एक्सरसाइज नहीं रही। पूरे दो महीने यही चला, जब तक उनका बेटा अपने पैर पर चलने नहीं लगा। फिर स्कूल नहीं जाने लगा। बेटे की बीमारी के दौरान वे बेहद तनाव में रहे।

इस तनाव को दूर करने के लिए उन्होंने कभी-कभार पेंटिंग भी की। वह दौर गुजर गया। फिर जब वह 15 साल का हो गया तो उसके पिता उसे अपने साथ बिजनेस मीटिंग में ले जाने लगे। वह चुपचाप उन मीटिंग में बैठा रहता। जब वे खत्म होतीं तो पिता से ढेरों तरह के सवाल करता। वे धीरज से उसके हर सवाल का जवाब देते। क्योंकि वे चाहते थे कि वह बिजनेस से संबंधित अपनी हर जिम्मेदारी को ठीक से समझे। पिता और बेटे के बीच भरोसे की डोर कितनी मजबूत थी, इसका अंदाजा एक वाकये से लगाइए।

बेटा बी.कॉम का एग्जाम दे रहा था। दो हफ्ते बचे थे। तभी पिता ने बेटे से कहा

कि उसे सीए (चार्टर्ड अकाउंटेंट का कोर्स) करना चाहिए। बेटे ने बिना सोचे उनकी सलाह मान ली। बेटे के दोस्तों को सलाह ठीक नहीं लगी। उन्हें लगा कि पिता और बेटे दोनों पागल हो गए हैं। लेकिन पिता ने बताया था कि युवा अवस्था में सिर्फ काम ही है, जो आगे ले जा सकता है। बच्चे ने भी उनकी बात को अक्षरशः अपनाया। नतीजा यह हुआ कि 22 साल की उम्र से पहले ही उसने ग्रेजुएशन और सीए की परीक्षा दोनों पास कर लीं। इसके बाद उसके पिता ने उसे एमबीए करने के लिए लंदन भेज दिया। वहाँ उसकी कक्षा में सभी स्टूडेंट्स 29 साल की उम्र या उससे ज्यादा थे। लेकिन वह सिर्फ 22 साल का। लेकिन उसके पास अपनी उम्र से बड़े साथी छात्रों के बराबर योग्यता थी। डिग्री थी। जिन पिता-पुत्र का यहाँ जिक्र किया है, वे हैं आदित्य बिड़ला व उनके बेटे कुमार मंगलम। कुमार को पता नहीं था कि उन्हें तेज रफ्तार से आगे-आगे की चीजें क्यों सिखाई जा रही हैं, लेकिन पिता को मालूम था कि उन्हें अपने बेटे को ड्राइविंग सीट पर बिठाना है। भारी-भरकम पारिवारिक बिजनेस की ड्राइविंग सीट के लिए कुमार की तेज रफ्तार परवरिश हो रही थी। आखिरी दो साल में आदित्य की तबीयत कुछ ज्यादा खराब रहने लगी। तब उन्होंने कुमार की परवरिश, शिक्षा-दीक्षा की रफ्तार और तेज कर दी।

पुरानी कहावत है, 'छोटे बीज पर ओक (शाहबलूत) का बड़ा पेड़' खड़ा होता है। बच्चों को उनके भविष्य की उम्मीदों के लिहाज से यह कहावत कारगर है। इनसान खुद भी ओक का पेड़ हो सकता है। लेकिन इसके लिए उसे ओक जैसे ही बीज की जरूरत भी होती है। लेकिन याद रखना होगा कि ओक का पेड़ रातोरात में खड़ा नहीं होता। उसे अपनी ऊँचाई तक पहुँचने में 30 साल तक लग जाते हैं। इतने पर भी उसे 'युवा पेड़' माना जाता है। यानी उसमें तब भी बढ़त की गुंजाइश होती है। इनसान की बढ़त भी ऐसी ही होनी चाहिए।

फंडा यह है कि सपना तो सपना है। उस सपने को लक्ष्य बना लेना चाहिए। फिर उस लक्ष्य तक पहुँचने की योजना बनानी चाहिए। उसे पूरा करने के काम करना चाहिए। काम के दौरान कभी थकना नहीं, पीछे हटना नहीं। और फिर जब आप लक्ष्य तक पहुँचेंगे तो ओक के पेड़ की मानिंद विशालकाय होंगे। अपने व्यक्तित्व से, सफलता से।

□

बच्चों की खुशी के लिए उन्हें अपना कॅरियर चुनने दें

पहली कहानी—कुछ समय पहले एचएएल (हिंदुस्तान एयरोनॉटिक्स लिमिटेड) के एक इंजीनियर ने नौकरी छोड़ दी। उन्होंने अपना काम शुरू किया। बच्चों के लिए इलेक्ट्रिक बाइक बनाने का। इनका नाम है मोहम्मद मुजक्किर शरीफ। उम्र 33 वर्ष है। अहमदाबाद के जेसी नगर में रहते हैं। इन्होंने 'ग्रीनूबाइक' के नाम से पाँच महीने पहले ही कंपनी शुरू की है। उन्हें जब पता चला कि भारत में बच्चों के लिए जो इलेक्ट्रिक बाइक हैं, वे चीन से आती हैं या फिर किसी और देश से। वे बेहद महँगी भी हैं। ऐसे में उन्हें गुंजाइश़ दिखी और उन्होंने कंपनी बनाकर प्रदूषण-मुक्त बाइक बनाने का काम शुरू कर दिया। मुजक्किर जो बाइक बना रहे हैं, उसका ब्रांड नेम है—'रॉकर'। यह सात से बारह साल तक के बच्चों के लिए है और इसकी कीमत 18,000 रुपए रखी गई है। जबकि ऐसी चाइनीज बाइक 25,000 रुपए तक आती है। उसमें कोई वारंटी भी नहीं दी जाती। इस किस्म की बाइक के लिए कोई लाइसेंस या रजिस्ट्रेशन जरूरी नहीं है, क्योंकि जो बाइक अधिकतम 25 किलोमीटर प्रतिघंटा की रफ्तार से चले और मोटर 250 वॉट का हो, उससे इसको छूट है। इस बाइक की बैटरी एक बार चार्ज करने पर यह 25 किलोमीटर तक चलती है। बैटरी चार्ज होने में छह-सात घंटे लगते हैं। इसकी अधिकतम स्पीड 24 किमी. प्रतिघंटा है।

दूसरी कहानी—विनोद प्रधान 22 साल के हैं। ग्रेजुएट हैं, लेकिन नौकरी करने के बजाय पिता के काम में हाथ बँटाते हैं। तीन एकड़ जमीन है। इसमें सब्जियाँ उगाते हैं। ओडिशा में राउरकेला के पास उनका गाँव है—बडगाँव। यहाँ से रोज अपनी मिनी लोडिंग गाड़ी में सब्जियाँ भरकर वे राजगंगपुर ले जाते हैं बाजार में बेचने के लिए। उनके

मुताबिक, किसी मल्टीनेशनल कंपनी में काम करके जितनी तनख्वाह मिलती, उससे ज्यादा अपने इस काम से कमा लेते हैं। नौकरी करने की वे एक और वजह बताते हैं। यह कि नौकरी के लिए घर से ऑफिस और ऑफिस से घर आने-जाने में झंझट बहुत है। इसमें टाइम भी खूब खराब होता है। राउरकेला जिले में ही नुआगाँव के रहनेवाले 28 साल के रोशन साहू हैं। ये भी सब्जियाँ उगाते हैं। झीरपानी बिसरा के साप्ताहिक हाट में अक़सर आते हैं। इन्हें फख्र है कि शिमला मिर्च जैसी उनके खेत की कई सब्जियाँ महाराष्ट्र, गुजरात और बंगाल भी भेजी जा रही हैं। इसी तरह नुआगाँव के ही विकास अग्रवाल तरबूज उगाते हैं। जबकि 25 साल के ग्रेजुएट दसमांता स्वैन गुरुंडिया में फूलगोभी उगाते हैं। ये चंद उदाहरण हैं, जो बताते हैं कि अब पढ़े-लिखे युवा भी खेती-बाड़ी से गुरेज नहीं कर रहे हैं। सब्जियाँ उगाने से भी नहीं।

ओडिशा के सुंदरगढ़ और राउरकेला जैसे जिले में 'वेजीटेबल रिवॉल्यूशन' आकार ले रही है। इसकी वजह पिछले कुछ सालों में युवाओं की सोच में आया बदलाव है। आजकल विकल्प काफी हैं। इतने कि बच्चे सुरक्षित या ज्यादा कमाईवाले क्षेत्रों को छोड़ जोखिमवाले कॅरियर का जोखिम लेने को भी तैयार हैं। बस, वह कॅरियर उनके लिए सहज होना चाहिए। माता-पिता भी उन्हें उनकी पसंद का कॅरियर चुनने के लिए प्रोत्साहित कर रहे हैं। यह वजह है कि मुंबई पोस्ट ग्रेजुएशन के बीच ही 'योगा थ्योरी' सीखनेवालों की तादाद बढ़ रही है या फिर कश्मीर या गुजरात के कच्छ में परंपरागत हस्तकला सीखनेवालों की भी।

फंडा यह है कि बच्चों को अगर उनका कॅरियर चुनने की आजादी दी जाए तो वे उसमें ज्यादा खुश रहेंगे। नतीजे भी अच्छे देंगे।

□

जनता से जुड़े कई मसले हल कर सकते हैं बच्चे

उदयन नायर तीसरी कक्षा में पढ़ता है, लेकिन इस उम्र में भी उसकी कोशिश होती है कि घर से निकलनेवाला सब्जी आदि का कचरा अलग जगह रखा जाए। उसे रीसाइकिल किया जाए। कम-से-कम अपने परिवार के लिए तो वह कचरा प्रबंधन का 'गुरु' बन चुका है। पूरा परिवार उसकी बात ध्यान से सुनता है और उन बातों को मानता भी है। वह बताता है कि कचरे को किस तरह अलग करना है, किस कचरे की रीसाइकिलिंग हो सकती है, किसे फेंका जाना चाहिए। वह जोर इस बात पर भी देता है कि कचरा बाहर कम फेंका जाए, ताकि नगर निगम के कर्मचारियों पर साफ-सफाई को लेकर अधिक दबाव न पड़े। उदयन अकेला नहीं है। उसकी पूरी गैंग है। और इस गैंग का हर सदस्य अपने घरों में यही कर रहा है। ये बच्चे केरल में कोच्चि के ग्लोबल पब्लिक स्कूल के छात्र हैं। इस स्कूल ने अपने कैंपस में बायोगैस प्लांट लगा रखा है। इसमें हॉस्टल के किचन और स्कूल कैंटीन से निकलनेवाले कचरे को निपटाया जाता है। इस प्लांट से बननेवाली गैस के जरिए हॉस्टल के बच्चों को गरम पानी मिलता है। स्कूल के सभी बच्चों को रोज इस प्लांट की अहमियत बताई जाती है और उनसे कहा जाता है कि जिस तरह स्कूल में कचरे का प्रबंधन हो रहा है, वैसे ही वे अपने घरवालों से कचरा निपटाने के लिए कहें।

कोच्चि में ही एक और स्कूल है, 'च्वॉइस स्कूल'। यहाँ बच्चे पेपर रीसाइकिलिंग यूनिट चलाते हैं। इसी साल यह यूनिट लगाई गई है। रीसाइकिल किए गए कागज को फिर स्कूल में ही बच्चों की एक्टिविटीज के काम में लाया जाता है। और इस पूरी कवायद के पीछे है, 'शुचिता मिशन'। यह एनजीओ है, जो कचरे के प्रबंधन की दिशा में

जागरूकता लाने के लिए मेहनत कर रहा है। यह घरों के लिए वर्कशॉप वगैरह भी करता है। दरअसल, केरल में कचरा इकट्ठा करने और उसे ठिकाने लगाने की समस्या है। फिर भी 'शुचिता मिशन' व उसकी एक्जीक्यूटिव डायरेक्टर डॉ. के. वासुकी ने 'स्वच्छ केरल' अभियान छेड़ रखा है। वासुकी एक विजन लेकर आगे बढ़ रही हैं। उनकी इच्छा है कि राज्य के हर घर में एक कंपोस्ट पिट हो। जहाँ जैविक कचरा ठिकाने लगाया जाए। बायोगैस संयंत्र भी हो तो और अच्छा। प्लास्टिक और उसके जैसे बाकी कचरे को इकट्ठा करने, अलग करने और उसके निपटारे के लिए वे तंत्र विकसित कर रही हैं। शुरुआत स्कूलों से हुई है। मसलन 'चिन्मय विद्यालय'। यहाँ वर्मी कंपोस्ट पिट है जैविक कचरे से खाद बनाने के लिए। सब्जियों का बगीचा भी है। वहीं खाद का इस्तेमाल होता है। बगीचे का रख-रखाव बच्चे करते हैं। उगाई गई सब्जियाँ स्कूल कैंटीन में काम आती हैं या स्कूल स्टाफ को बेच दी जाती हैं।

कोच्चि का 'विद्योदया स्कूल' प्लास्टिक मुक्त है। बायोगैस प्लांट भी है। 'ग्रेगोरियन पब्लिक स्कूल' में इन्सिनरेटर है। वहाँ प्लास्टिक आदि जलाते हैं। जैविक खाद बनाने के लिए वर्मी कंपोस्ट पिट भी है। केरल के बच्चों के कचरा प्रबंधन से जुड़ने की बड़ी वजह यह है, यहाँ हर घर का कोई कोई सदस्य टूरिज्म बिजनेस से जुड़ा है। इसीलिए साफ-सफाई के हर कदम का स्वागत होता है। सीबीएसई ने 27 अप्रैल, 2010 से 'नेशनल स्कूल सैनिटेशन इनीशिएटिव' शुरू किया। इसके तहत बच्चों को कचरा प्रबंधन व साफ-सफाई से प्रैक्टिकली जोड़ना अनिवार्य किया गया है, और यह कदम प्रभावी साबित हो रहा है।

फंडा यह है कि कचरा प्रबंधन और साफ-सुथरा पर्यावरण हमारे देश के स्थायी मसले हो चुके हैं। इनसे छुटकारा पाने का एक ही तरीका है कि बचपन से इनके बारे में जागरूक किया जाए। इसकी शिक्षा दी जाए।

□

'बैड' भी कर सकता है बहुत अच्छा

जब आप किसी भूखे इनसान या जानवर को जरूरत से ज्यादा खाना देते हैं तो उस दिन आप बेहद अच्छा महसूस करते हैं। लेकिन क्या कभी उस व्यक्ति के अगले दिन, अगले हफ्ते या पूरे महीने के खाने के बारे में सोचा है? हो सकता है—सोचा हो, या सोचा है। लेकिन इस विचार ने 21 वर्षीय चार इंजीनियरिंग छात्रों के दिमाग में तूफान ला दिया। वे इसे लेकर बेहद गंभीर हो गए। उन्हें लगा एक दिन किसी को खाना खिलाकर पूरे साल के लिए छोड़ देना 'बैड' है। यही शब्द उनके प्रोजेक्ट का नाम है— 'बैड' मतलब 'बर्थडे, एनिवर्सरी डोनेशंस'।

दिलीप अडिगा, अनीश हेगड़े, अनंत टी. पाई और जीवन जियो फिलिप 'मंदिरों के शहर' उडिपी से हैं। यह शहर धार्मिक यात्राओं के लिए मशहूर है। यहाँ आनेवाले हजारों पर्यटक और स्थानीय लोग बड़ी मात्रा में खाना बरबाद करते हैं। पहले दिन उन्होंने ऐसी संस्थाओं और संगठनों की सूची निकाली, जो दान के रूप में खाना खिलाते हैं। फिर चारों उन संस्थानों और संगठनों के पास गए, जो उन्हें जानते थे। उन्हें बताया कि अधिक खाने की जानकारी लोगों तक पहुँचाएँ। लोग 3:30 बजे तक आकर खाना लें और खाएँ। इस समय तक विभिन्न लोग आकर खाना दान भी कर सकते हैं। लेकिन इसके बाद उनका दान लिया नहीं जाएगा। ये चारों इस काम को कॉलेज के बाद करते हैं। जैसे ही इस काम की चर्चा होनी शुरू हुई, अन्य छात्र भी इसमें जुड़ गए। कस्बा छोटा है, इसलिए यह मुहिम तेजी से फैली। शुरुआत में वॉलंटियर्स को खाना जुटाने जाना पड़ता था। उन्हें ऑटो और बरतन की व्यवस्था भी करनी पड़ती थी। लेकिन अब बचा हुआ खाना सीधे वहीं पहुँच जाता है, जहाँ उसकी जरूरत होती है। लेकिन ये चारों यह सुनिश्चित करते हैं कि खाना साफ और स्वास्थ्यवर्धक हो। यह भी देखते हैं कि खाना सबको बराबर बाँटा जाए। इतने बड़े काम के लिए उन्हें ज्यादा पैसे खर्च नहीं करने पड़े। पेट्रोल और बरतनों में थोड़े-बहुत

पैसे लगे, लेकिन इन्होंने प्रबंध कर लिया। दो साल में इन्होंने तीन लाख थालियाँ बाँटी हैं गरीबों को। इस साल जनवरी में इन चारों समेत 13 लोगों ने मिलकर 'अन्नधन ट्रस्ट' बनाया। इसमें एक को छोड़कर सभी इंजीनियरिंग के छात्र हैं। अब पूरे शहर में इनका आइडिया प्रचलित हो गया है। लोग अपने जन्मदिन या एनिवर्सरी पर ज्यादा खाना बनाते या मँगाते हैं। इसके बाद बच गया खाना दान कर देते हैं। ये युवा हर परिवार का डाटाबेस तैयार कर चुके हैं। वे परिवार में मौजूद लोगों के बर्थडे और एनिवर्सरी से पहले उनसे संपर्क करते हैं। वे 'बैड' के बारे में बताते हैं और उसका फायदा भी कि कैसे आपके खाने से किसी और का पेट भर सकता है। थोड़ी बुद्धिमत्ता, थोड़ी लगन, थोड़ी मेहनत और थोड़ी सी टेक्नोलॉजी की मदद से आज हजारों लोगों को खाना मिल रहा है। साथ में भगवान् श्रीकृष्ण भी सुनिश्चित करते हैं कि उनका कोई भक्त रात को भूखे पेट न सोए।

फंडा''दान बड़े से बड़ा और बेहद आसान हो सकता है, अगर उसे थोड़ी बुद्धिमत्ता और टेक्नोलॉजी से जोड़ दिया जाए तो। इससे समाज के सबसे निचले पायदान पर मौजूद लोगों का पेट भर सकता है।

□

नई पीढ़ी ऐसे रास्ते तय करे, जिस पर कम लोग चले हैं

कहानी 1—पत्नी की मौत के बाद शादीशुदा बेटी उनकी देखभाल करने की स्थिति में नहीं थी। उन्होंने सिक्योरिटी गार्ड की पार्टटाइम नौकरी शुरू की। अकेलापन हावी था, तब उन्होंने तमिलनाडु में मदुरै नगर निगम के निराश्रित आश्रम के बारे में पढ़ा और उससे जुड़े। आज 63 वर्ष की उम्र में एम. मुरुगेसन को लगता है कि इससे बेहतर कोई फैसला नहीं था। उन्हें बड़ा परिवार और जीने का उद्देश्य मिल गया है। वे इस आश्रम में न केवल एक रहवासी हैं, बल्कि इसे संचालित करनेवाली कोर टीम के महत्त्वपूर्ण सदस्य भी हैं। वे तमिलनाडु में नगर निगम की ओर से निराश्रितों के लिए चलाए जा रहे इस सबसे अच्छे आश्रम के संचालन में भी मदद करते हैं। इस आश्रम के प्रबंधन की जिम्मेदारी 'मदुरै जेसूट डाउनट्रॉडन पीपल वेलफेयर ट्रस्ट' करता है, जिसके युवा प्रोजेक्ट कोऑर्डिनेटर पी. रामर निस्स्वार्थ और आपस में कोई रिश्ता रखनेवाले लोगों के इस समूह का नेतृत्व करते हैं। रामर ने इतिहास और तमिल में एम.ए. किया है। बी.एड. भी हैं। नौकरियों के अवसरों की कमी नहीं थी। लेकिन उन्होंने कई मौके गँवा दिए। वे अपने गृहनगर से रोज दो घंटे बस की यात्रा तक आश्रम पहुँचते हैं, ताकि आश्रम में किसी को कोई तकलीफ न हो। रामर कॉलेज के दिनों से ही जरूरतमंदों की सेवा कर रहे हैं। कॉलेज में थे, तब वीकेंड पर गाँव के सभी बच्चों को इकट्ठा करते, उनके बाल काटते। उन्हें नहलाते। अनपढ़ ग्रामीणों के आवेदन फॉर्म भरते। फ्री ट्यूशन देते। जरूरतमंद बच्चों को पढ़ने में मदद भी करते हैं।

कहानी 2—कॉलेज में पढ़नेवाले इन युवाओं को पता है कि रियल एस्टेट की कीमतें और निर्माण लागत तेजी से बढ़ रही है। शहरों में घर खरीदना अब भी मध्य वर्ग

के लिए एक सपना ही है। इस वजह से आईआईटी मद्रास की सिविल इंजीनियरिंग ब्रांच के युवकों ने 'ग्लास फाइबर रिइंफोर्स्ड जिप्सम' (जीएफआरजी) पैनल्स के इस्तेमाल से घर बनाने का सस्ता, सुलभ और इको-फ्रेंडली तरीका ईजाद किया। इसी साल जून में अपने आईआईटी कैंपस में जीएफआरजी पैनल्स की मदद से दो मंजिला इमारत सफलतापूर्वक बनाई। इसके बाद ये युवक अपने कॉलेज के विशेषज्ञों के साथ मिलकर 'टाटा हाउसिंग डेवलपमेंट कॉर्पोरेशन' के साथ एग्रीमेंट करनेवाले हैं, जिससे मुंबई के उपनगर बोइसर में निम्न-आय वर्ग के लिए एक हाउसिंग प्रोजेक्ट विकसित किया जाएगा। आईआईटी मद्रास में जीएफआरजी बिल्डिंग के स्ट्रक्चरल डिजाइन इंजीनियर और सिविल इंजीनियरिंग डिपार्टमेंट में पी-एच.डी. स्कॉलर शिंटो पॉल के नेतृत्व में युवकों की यह टीम किसी शीर्ष कंपनी में नौकरी के बजाय बड़े हाउसिंग प्रोजेक्ट को विकसित करने को तैयार है। रामर और पॉल जैसे लोग खास होते हैं। ये उस समूह का हिस्सा नहीं हैं, जो पढ़ते हैं, डिग्री लेते हैं, कैंपस रिक्रूटमेंट से गुजरते हैं, कुछ साल तक नौकरी करते हैं, फिर एम.बी.ए. करते हैं, बैंक टेस्ट देते हैं और एक स्थायी नौकरी पा लेते हैं। इस प्रक्रिया में अपनी शुरुआती डिग्री को अनुपयोगी बना देते हैं और बाकी जिंदगी काम करते हुए बिता देते हैं। यह रास्ता सुनने में आसान और अच्छा लग सकता है। लेकिन युवा पीढ़ी के लिए यह बोरियत भरा है। पुराने रास्ते पर चलते हुए अपना खुद का बिजनेस शुरू करना या एक या दो वस्तुओं का आविष्कार कर क्लास के बजाय मास (आम जनता) की मदद करना इन युवाओं के लिए फैशन स्टेटमेंट और जुनून बन चुका है। इसके अलावा जो युवा अपने फैसले लेकर कॅरियर का रास्ता चुनते हैं, अपेक्षाकृत कम पैसा कमाने के बावजूद संतुष्ट नजर आते हैं।

फंडा''मौजूदा पीढ़ी ऐसे रास्तों पर चलना चाहती है, जिस पर पहले कभी कोई नहीं या काफी कम लोग आगे बढ़े। उन्हें प्रयोग करना पसंद है। यदि आप उन्हें पैर जमाने में मदद नहीं कर रहे हैं तो कम-से-कम 'वो कभी नहीं सुधरेगा' जैसे ताने मारकर हतोत्साहित न करें। मेरा यकीन मानिए, पैसा ही सबकुछ नहीं होता।

□

हर बच्चे में आग होती है, उसे हवा दें, ताकि वह प्रसिद्धि की लौ बने

अपने बच्चे को ससुराल या माता-पिता के घर छोड़कर काम पर जाना और वहाँ से लौटते हुए उन्हें साथ लेकर घर जाना, किसी भी युवा माँ के लिए सबसे राहतवाला समय होता है। वहाँ उन्हें न तो बच्चे की सुरक्षा की चिंता होती है, न ही खाने-पीने की। वे जानती हैं कि वह वहाँ कुछ बेहतर संस्कार ही पा रहा होगा। वर्ष 1999 में वैशाली दीपक कांबले ने भी कुछ यही सोचा और तय किया कि वे रोजाना काम पर जाने से पहले अपने बेटे आकाश को मुंबई में चरनी रोड रेलवे स्टेशन के पास मौजूद ससुराल में छोड़कर जाएगी और लौटते हुए पिक कर लेगी। दिक्कत थी कि वह भायंदर में रहती थी और रोज ठसाठस भरी ट्रेन में बेटे के साथ सफर करना किसी दुश्वार सपने से कम नहीं होता था। लेकिन जल्द ही उसे ट्रेन में महिलाओं के पास खिड़कीवाली सीट मिलने का मौका मिलने लगा और यात्रा पूरी होने तक आकाश उसकी गोद में बैठा रहता था। कई बार वह बगल में बैठी महिलाओं की गोद में भी बैठ जाता था। वे महिलाएँ रास्ते में उसे कहानियाँ सुनाती थीं। कोई महिला उसे गिनतियाँ सिखाती तो कोई उसके बाल सुलभ सवालों के जवाब देती। रोज-रोज ट्रेन के इसी आने-जाने के दौर में कई साल बीत गए। इस दौरान कई आंटियों ने उसे कविताओं से लेकर गणित तक तमाम विधाओं में पारंगत बना दिया। खासकर रेलवे से जुड़ी तमाम जानकारियों में तो उसने मास्टरी हासिल कर ली। जैसे ट्रेन में कितने कंपार्टमेंट हैं, कितनी खिड़कियाँ हैं, उनमें लोहे की कितनी रॉड हैं और इसी तरह की बेहद बारीक जानकारियाँ उसे जुबानी याद थीं, जो आम तौर पर दरकिनार कर दी जाती हैं।

लेकिन वैशाली ने यह जरूर सुनिश्चित किया कि वह बच्चे के तमाम सवालों के

जवाब बिना थके दे सके। जब किसी सवाल का जवाब देने में खुद को कमजोर पाती तो बाहर से हल तलाशती। इनसे आकाश के मन में रेलवे को लेकर अलग तरह का आकर्षण पैदा हो गया था। लेकिन कुछ ही सालों बाद ट्रेन में रोज जाने और उसे निहारने के आकाश के सिलसिले पर रोक लग गई। इसकी वजह थी, घर पर उसके एक नन्हे भाई का जन्म और उसका स्कूल जाना शुरू कर देना। छोटे भाई के जन्म के बाद माँ ने काम भी छोड़ दिया और हाउस वाइफ बनकर रह गईं। लेकिन तब तक ट्रेन से जुड़े तमाम पहलू उसके अंदर तक समा चुके थे।

उसने स्कूल में अपने प्रोजेक्ट के लिए कार्ड बोर्ड पर कई ट्रेनें बनाईं और हर बार उसे तारीफ मिली। उसके मॉडलों को घर में शोकेस में रखा जाता रहा, ताकि उसका हौसला बना रहे। इसी सब के बीच सन् 2014 में वह मेकैनिकल इंजीनियरिंग के डिप्लोमा कोर्स के फाइनल ईयर में पहुँच गया। उसने अल्युमिनियम आधारित ट्रेन के मॉडल बनाने शुरू किए और इन्हें न केवल उसके टीचर्स ने सराहा, बल्कि सेंट्रल और वेस्टर्न रेलवे के अधिकारियों तक ने उसकी तारीफ की।

उसने दुनिया के दूसरे देशों में ट्रेन के मॉडलों की पड़ताल की। इस प्रक्रिया में फ्रांस स्थित 'टीजीवी ट्रेन सेट्स' को लगातार फॉलो किया, जो दुनिया में ट्रेन के मॉडल बनानेवाली सर्वश्रेष्ठ कंपनी मानी जाती थी। उसने जल्द ही सेंट्रल और वेस्टर्न रेलवे के यॉर्ड में जाना शुरू किया और अपने मॉडलों के लिए उनकी पड़ताल में जुट गया। उसने एक ट्रेन को देखकर महज दो सप्ताह का समय उसका मॉडल बनाने में लगाया। इससे वह रेलवे अधिकारियों के बीच इतना लोकप्रिय हो गया कि उनके आमंत्रण पर आज वह देश के सबसे प्रसिद्ध रेलवे स्टेशन 'छत्रपति शिवाजी टर्मिनस' पर अपने मॉडलों का प्रदर्शन कर रहा है।

फंडा यह है कि हर बच्चे के अंदर एक आग होती है, अगर उसे सही तरह से हवा दी जाए तो वह सुलगकर प्रसिद्धि की लौ बन जाती है।

□

विकसित समाज में हर कोई जिम्मेदारी उठाता है

अहमदाबाद के एसएम पटेल इंस्टीट्यूट ऑफ कॉमर्स और एमजी साइंस इंस्टीट्यूट, दोनों संस्थान के 5,000 स्टूडेंट्स व स्टाफ ने एक जनवरी 2014 से साइकिल या सार्वजनिक परिवहन के इस्तेमाल का फैसला किया है। दोनों संस्थान के पार्किंग एरिया बुधवार को खाली-खाली नजर आ रहे थे। इस कोशिश के जरिए इन संस्थानों के सदस्य आम लोगों को ट्रैफिक से जुड़े मसलों और ईंधन संरक्षण पर जागरूक करना चाहते हैं। उन्होंने एक मिसाल पेश करने की कोशिश की है। और इसे पहले दिन से ही शहर में भारी समर्थन भी मिलता दिख रहा है। अभियान खत्म होने के बाद की योजना भी तैयार है। दोनों संस्थानों के सदस्यों ने तय किया है कि वे नियमित रूप से महीने में कम-से-कम एक या दो बार साइकिल से आया-जाया करेंगे। डेनमार्क की राजधानी कोपेनहेगन में तो हर रोज करीब 50 फीसदी स्थानीय आबादी साइकिल से ही आती-जाती है। खास बात यह है कि उन्हें यह सब करने के लिए किसी ने कहा नहीं है। नियम या कानून का भी उन पर दबाव नहीं है। वे स्वेच्छा से शहर को साफ-सुथरा और प्रदूषण-मुक्त रखने के लिए यह सब कर रहे हैं। स्थानीय प्रशासन की मदद करना दूसरा मकसद है। कोपेनहेगन दुनिया का वह शहर है, जहाँ साइकिल या बाइक के लिए 400 किलोमीटर का लंबा ट्रैक है।

आप कह सकते हैं कि इसीलिए वहाँ के लोग अपने मन से साइकिल चला रहे हैं। आपका सवाल हो सकता है कि भारत में ऐसी सुविधा कहाँ है? लेकिन आप इतिहास में झाँकें तो देश के कई शहरों में जब-तब साइकिल ट्रैक बनाए गए हैं। लोगों ने स्थानीय निकायों को मजबूर किया कि वे इस तरह के ट्रैक बनाएँ। लेकिन धीरे-धीरे ये गर्त में चले गए। क्यों? इसका जवाब यह है कि भारतीय अभी उस स्तर पर नहीं पहुँचे हैं, जहाँ वे आगे बढ़कर जिम्मेदारी उठा सकें। समाज जैसे-जैसे विकसित होता है, लोग उसके विकास

में अपना योगदान देने लगते हैं। खुद आगे होकर समाज के हित में जिम्मेदारी उठाने लगते हैं। लेकिन हम भारतीय इस मामले में दुनिया के दूसरे देशों से पीछे हैं। हम में से कई लोग कार चलाते हुए पुलिस की नाकामी पर बड़ी-बड़ी बातें करते हैं। पुलिसवाले ट्रैफिक सिग्नल तोड़नेवालों पर काररवाई नहीं करते। सड़क पर आए दिन हो रहे एक्सीडेंट रोकने में पूरी तरह नाकाम हैं। और न जाने क्या-क्या उनके लिए कहते हैं। लेकिन कभी जब रेड सिग्नल तोड़ने पर खुद पकड़े जाते हैं तब क्या होता है? हम ट्रैफिक पुलिसवालों को धौंस दिखाते हैं। उनसे बहसबाजी करते हैं। ताकत का हर संभव प्रदर्शन करने की कोशिश करते हैं। यहाँ तक कि जिन ताकतवर लोगों को जानते हैं, उन्हें भी फोन घुमा देते हैं। कोशिश इस बात की होती है कि पुलिसवाले हमारा चालान न काट सकें। हमने जो गलती की है, उसे अनदेखा कर दिया जाए।

आपको नहीं लगता कि ऊपर जिन संस्थानों का जिक्र है उनके स्टूडेंट्स जब साइकिल पर निकले होंगे तो लोगों ने फब्तियाँ नहीं कसी होंगी? तेज रफ्तार कार या बाइक सवारों ने उन्हें परेशान करने की कोशिश नहीं की होगी? बिल्कुल की होगी। इसके बावजूद वे स्टूडेंट्स अपने फैसले से पीछे नहीं हटे। उन्हें अपना फर्ज अच्छी तरह पता था। वे जानते थे कि सिर्फ एक व्यक्ति के साथ कार चलाना फायदे का सौदा नहीं है। हम में से कितने लोग हैं, जो रास्ते में पैदल चलनेवालों को पहले निकलने का मौका देते हैं? हम में कितने लोग दूसरे कार-ड्राइवरों को खुद से पहले निकल जाने देते हैं? और कितने लोग हैं, जो ट्रैफिक सिग्नल पर पीली बत्ती देखते ही रुक जाते हैं? इन सवालों के जवाब चंद लोगों के पास भी नहीं होंगे। इसलिए क्योंकि अब भी हमारा समाज पूरी तरह विकसित नहीं है। हमारे यहाँ लोग अब भी अपनी जिम्मेदारी महसूस नहीं करते। उसे उठाने की बात तो दूर की है। समाज में परिवर्तन की जिम्मेदारी। उसके विकास की जिम्मेदारी। यही वजह है कि कुछ चंद लोग, जो इस तरह के काम करते हैं, उन्हें अखबारों के पहले पन्ने पर जगह मिलती है। उनके कामों की सराहना होती है।

फंडा यह है कि हर व्यक्ति जो व्यवस्था की खामियों को कोसता रहता है, उसे अपने भीतर झाँकने की जरूरत है। जिम्मेदारी महसूस करने और उसे उठाने की जरूरत है, ताकि लगे कि हम भी विकसित समाज के तौर पर स्थापित हो चुके हैं।

□□□